JN256245

インナーチャイルドの理論と癒しの実践

初心者からプロのセラピストまで

由井寅子

まえがき

私は日々ホメオパスとして健康相談を行うなかで、多くの人が抑圧された感情・インナーチャイルド（以下インチャ）故に病気になり、苦しんでいるのを見てきました。

何がインチャを作るのかというと「否定」なんですね。否定されることで感情が生じ、感情を否定（抑圧）することで、インチャとなる。この否定は怒りからきます。だからインチャの連鎖を止める鍵は、怒りの克服にあります。

◇　◇　◇

私が考えるに、「愛」の反対語は「怒り」です。愛とは受け入れること、許すことで、その反対は否定すること。そして、否定の本質は攻撃であり、攻撃（否定）する行為は、怒りと一体のものです。

親子の関係を例に挙げてみましょう。親は自分が善と信じる価値観に囚われ、その価値観から外れている子を怒りで否定します。一方、否定された子は、自分本来の価値観を抑圧し、自分の存在価値に疑いをもち始めます。次にその親の価値観を受け入れ（親の否定を受け入れ）、自分は駄目だと確信することで魂が傷つき、許されることを求めて悲しみます。しかし、許されないことで、親の価値観を生き、否定されることを恐れて、駄目ではない自分になろうと一生懸命頑張ります。頑張っても認めてもらえなければ、対抗価値観を形成し、怒りで親と戦います。ですが、戦いに敗北し、無力感を感じ、再び親の価値観を生きることで憎しみを抱き、いずれは、無感情となります。

否定は、対抗価値観やプライドといった武器をもっての戦いです。どうやって怒りの感情を克服するか？　負けるのです。武器を手放し、両手を挙げて降参するのです。敗北して無力感になるのは、武器をもったまま怒りを抑圧してしまったから。自己卑下・自己嫌悪・罪悪感などの自己否定感は、駄目ではない自分を作り出し、怒りを駄目な自分に向けているだけ。どちらも駄目な自分から逃げ、本当には負けていないのです。

全面的に負けるのです。駄目な自分を認めるのです。元々あなたは駄目だった。例外はありません。負けることで幼い頃の悲しみに戻り、イメージの中で、自分を否定した親に駄目な自分が許しを求め、親に許されることで、自分の存在価値を取り戻していくのです。実際、あなたは許されたくて、悲しくて、泣きたかったのです。手放しで泣いて許しを求め、許されることによってインチャは救われます。これがインチャ癒しです。こうして駄目な自分を自身が許していくことで、否定された価値観を乗り越え、愛を大きくできるのです。それが魂の成長です。

人は否定されることで傷つき、愛することで癒され、成長していくのです。

まえがき

日々苦しみが生じます。苦しみとは何か？　苦しみとは、願いが止められ否定されて、思い通りにならないこと。思い通りにしようとして生じた感情が苦しいのです。その感情が抑圧され、未解決なもの・インチャとなって存在するために、多くの人が苦しんでいるのです。だからインチャの願いを叶えてあげることで楽になります。

あなたはかつて自分の願いを止めてしまった。行動しなかった。叶えなかった。自分に不正直に生きてきた。自分を粗末に生きてきた。自分の正直な思いにきちんと向き合ってこなかった。だから今苦しいのです。その苦しみに気づくために感情が生じるのです。

イメージの中でインチャの願いのままに行動させてほしい。そしてインチャの願いを叶えてあげてほしい。すると、怒りや恐れが減り、感情に翻弄されることが減ってきます。

あなたは怒りたかった。戦いたかった。頑張りたかった。優れたかった。褒められたかった。認められたかった。評価されたかった。泣きたかった。許してほしかった。それらを我慢したから、願いが叶わなかったから、苦しみのインチャとなり、それらを求めるようになってしまったのです。

だから、それらインチャの思いを表現させてあげます。行動してあげるのです。泣いて謝るのです。あなたは駄目な自分を許して欲しかった。愛して欲しかったのです。それだけなのです。それを我慢してしまったがために、これほど心が複雑になってしまったのです。そうして、世の中が複雑になってしまったのです。

もともとのあなたは単純です。ただ、幸せになりたかった。大事にしてほしかった。楽に快適でいたかった。好きなことをしたかった。そして全てを愛したかったのです。

それが、あなたの本当の価値観なのです。

私も自分の正直な願いを抑圧して生きてきた結果、自分から分裂したたくさんのインチャに出会いました。インチャ癒しをしてもしても山ほどのインチャが押し寄せて来て、本当に「もう嫌だ、インチャ癒ししたくない」と思うことも何度もありました。それでもインチャの願いを一人一人聞いて共感し、一緒になって怒って、恐れ、泣いてを繰り返していくと、その後に心がとてもすっきりとし、少しずつですが、確実に心が楽になっていきました。皆さんも諦めずに、苦しんでいる自分のインチャを救ってあげてほしいと心から願い、この本を書きました。折々に難しく感じるところもあると思いますが、焦らずじっくり読んでいただくことで、私の意図することがわかっていただけると思います。

由井寅子

目次

第2章　心

第3章　体

目次

第2部　感情と価値観（インチャ）の階層構造と変遷

第3部　インチャ癒し

■カバー／扉イラスト　小林 美里

第1部　魂・心・体とインチャ

はじめに

人の健康と病気を考えたとき、体のことだけを考えてもうまくいかないと思います。なぜなら人は魂・心・体の三位一体の存在だからです。人が真に健康になるためには、目に見えない魂や心の健康と病気についても考えていかなければなりません。

そこで第1部では、魂・心・体の健康と病気について、インナーチャイルド（以下インチャ）との関連から考察します。

人は魂・心・体の三位一体の存在

人は体だけの存在ではなく、魂と心をもった三位一体の存在です。ニワトリの卵をイメージすれば、わかりやすいと思います。

真ん中にある卵黄の部分が魂、一番栄養があって大事な部分です。その周りにある卵白の部分が心。栄養は卵黄ほどではありませんが、卵黄を保護するためになくてはならない存在です。一番外側の固い殻の部分が体、卵黄と卵白の入れ物であり、保護してくれています。

魂と心は目には見えませんが、心があることは誰もが知っています。そして心の奥に、自分を突き動かしている魂があることを、漠然と感じている人も多いのではないでしょうか。

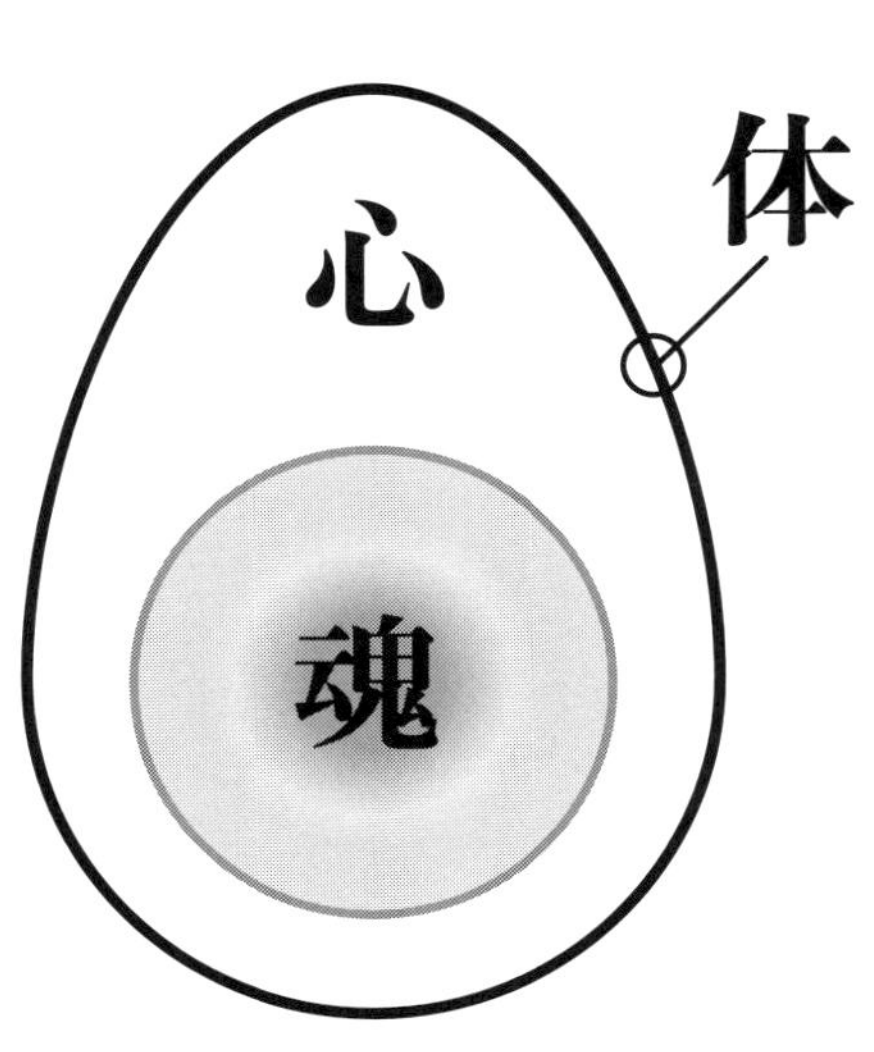

人は魂・心・体の三位一体の存在

第1章　魂

魂とは何か？

まずは魂について説明したいと思います。

魂とは目的をもった存在です。魂＝存在目的、存在価値、価値観のことです。

それぞれの価値観により、自分が善と信じたことを目指すという意志の流れが生じます。

たとえば『愛されることは善』という価値観をもっていれば、愛されることを目指す（愛されたい）という意志の流れが生じます。

意志は方向性をもった意識の流れです。これが生命力の源となります。善を達成することが生きる目的になり、善を達成しようとする意志が、生きようとする力になるということです。

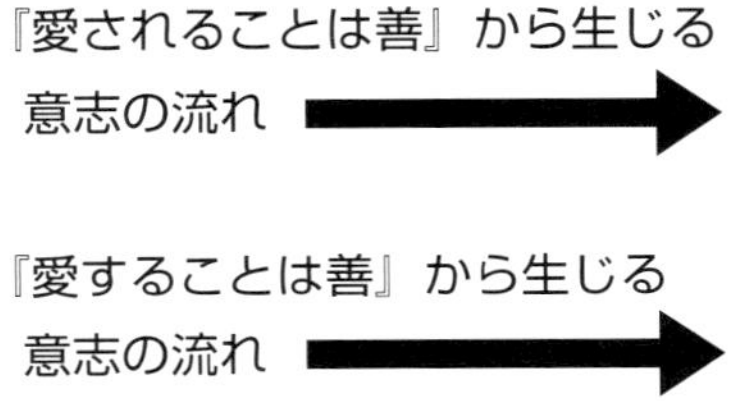

『愛されることは善』から生じる
意志の流れ ➡

『愛することは善』から生じる
意志の流れ ➡

神道では、人は神の分霊（わけみたま）と言い、神と同じ魂、すなわち神と同じ目的(価値観)を宿した存在と考えられています。

神の目的（価値観）とは何でしょうか？

それは『愛されること』ではなく『全てを愛すること』、すなわち『人を愛し、自分を愛し、神を愛し、万物を分け隔てなく愛すること』ではないかと思います。人はこの全てを愛するという目的、『愛することは善』という霊的価値観を宿した存在であり、霊的価値観を生きることができるようになるまで、何回も生まれ変わるのではないかと思います。

霊的価値観とこの世的価値観

霊的価値観とは後で説明しますが、神（自然）に沿った価値観のことで、悪（否定）のない善だけの価値観のことです。そして霊的価値観の中核が『愛することは善』という価値観だと考えています。

しかし『慎み深いことが善・図々しいことが悪』『勉強できることが善・勉強できないことが悪』『器量がよいことが善・器量が悪いことが悪』など霊的価値観に沿わない、悪（否定）のある価値観を山ほどもち、「あれは駄目、これは駄目」「こうでなければならない」と言っては人や自分を否定し、悲しみ、恐れ、怒り、苦しんでいます。これが私たち人間の姿です。

この善悪のある価値観をこの世的価値観と言います。この世的価値観は、私たちが生きているこの世、この社会で一般的に価値があるとされている価値観のことです。この世的価値観を抱えている以上、悪（障害）が生じ、その悪（障害）が意志の流れを堰き止めて感情が生じてしまうのです。

たとえば『勉強できることは善』というこの世的価値観をもっていると、テストで30点しかとれなかったとき、それが悪（障害）となり、意志の流れを堰き止め、凝集し渦を作ります。この渦（凝集した意志＝強い願い）が、悲しみ、恐れ、怒りなどの感情です。

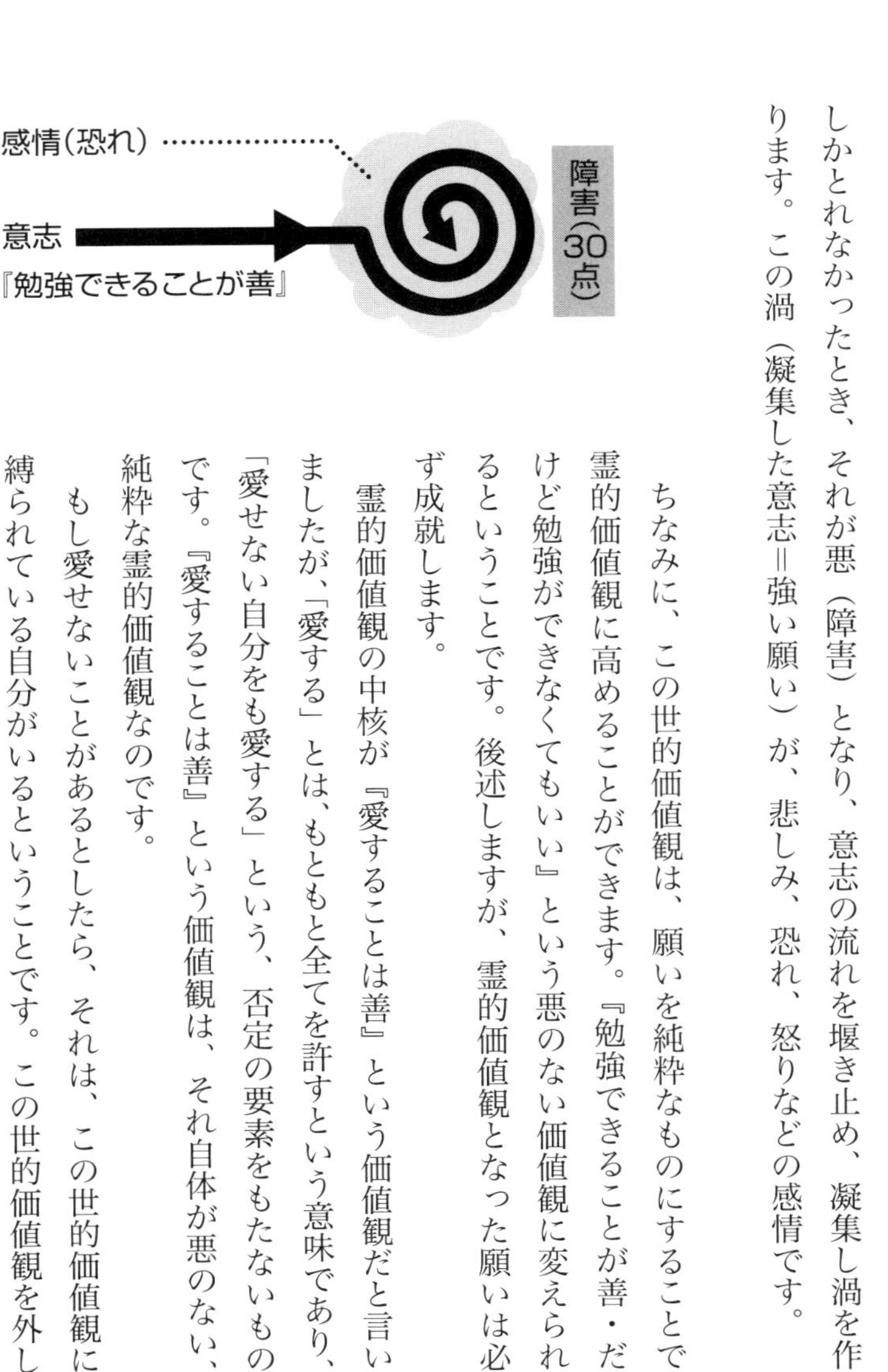

ちなみに、この世的価値観は、願いを純粋なものにすることで霊的価値観に高めることができます。『勉強できることが善・だけど勉強ができなくてもいい』という悪のない価値観に変えられるということです。後述しますが、霊的価値観となった願いは必ず成就します。

霊的価値観の中核が『愛することは善』という価値観だと言いましたが、「愛する」とは、もともと全てを許すという意味であり、「愛せない自分をも愛する」という、否定の要素をもたないものです。『愛することは善』という価値観は、それ自体が悪のない、純粋な霊的価値観なのです。

もし愛せないことがあるとしたら、それは、この世的価値観に縛られている自分がいるということです。この世的価値観を外していくには、この世的価値観に縛られている自分を否定するのではなく、まず、「勉強ができる自分になりたいんだね。駄目な自分になりたくないんだね」と、この世的価値観に縛られている自分に共感し、愛すること（＝受け入れ、許すこと）から始めましょう。

この世的価値観を外し、全てを愛することを目指していくのです。

人は『愛することは善』という霊的価値観が魂の中核としてあり、存在目的となっています。霊的価値観を生きられるように、この世的価値観を正しいと信じ、苦しんでいるインチャの癒しが必要になってくるのです。

魂の急性病と慢性病

魂は本来『愛することは善』という霊的価値観そのものの存在ですが、『慎み深いことが善・図々しいことが悪』『勉強できることが善・勉強できないことが悪』『器量がよいことが善・器量が悪いことが悪』などこの世的価値観が魂に感染することで、愛することに条件が付いてしまい、魂本来の輝きは失われます。たとえば、わがままな人、頭の悪い人、不細工な人を愛せなくなってしまいます。それは魂が目指す方向とは異なるため、生き生きと輝けず、魂が曇ってしまうことになります。

この世がこの世的価値観で成り立っている以上、この世で生きていくためには、この世的価値観で価値ある存在になることが求められます。日本は競争原理に基づく資本主義社会ですから、大人になれば『わがままでいい』とか『頭が悪くていい』とか『身なりに構わなくていい』というわけにはいきません。親も我が子をこの世的価値観において価値のある存在にしようとしつけます。

たとえば「挨拶しなさい！」とか「のろのろしないの！」とか「髪を整えなさい！」など、この世的価値観で子どもを叱り、子どものためと思って一生懸命しつけます。それが親の役目であり愛情だと思っています。しかし本当の愛は、現実を受け入れて許すことであり、この世的価値観で否定したり禁止したりするしつけは、愛と正反対のもの。魂を曇らせてしまうのです。

幼い子どもは親が正しいと信じて疑いませんから、どうしても親の価値観をそのまま信じ、同時にその価値観で、自分は駄目だと信じてしまうのです。泣いて許しを求めますが、許しを得られないことで、自分は駄目だと自己否定してしまいます。こうして、この世的価値観を完全に信じ、魂が曇ってしまうのです。

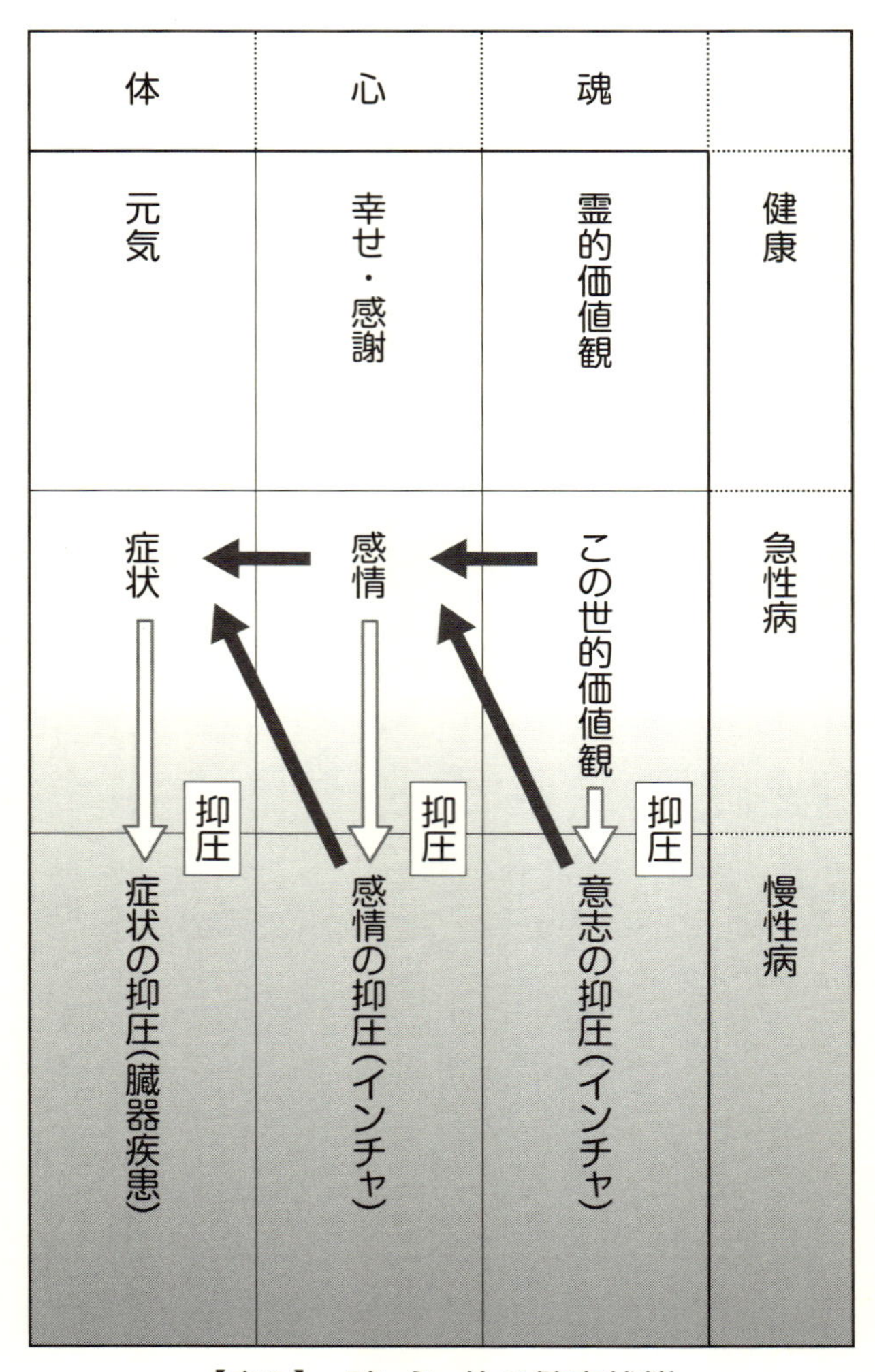
体
心
魂
元気
幸せ・感謝
霊的価値観
健康
症状
感情
この世的価値観
急性病
抑圧
抑圧
抑圧
症状の抑圧(臓器疾患)
感情の抑圧(インチャ)
意志の抑圧(インチャ)
慢性病

【表1】 魂・心・体の健康状態

【表1】を見てください。

魂の健康状態とは、霊的価値観を生きている状態です。霊的価値観としての自己は、仏性、内なる神、真我、アートマン、高次の自己、ハイヤーセルフなどさまざまな名称で呼ばれているようです。

一方、この世的価値観が魂に感染した状態が、魂の急性病です。この世的価値観を解放していくことで、魂の健康を取り戻すことができます。もしこの世的価値観をもちながら、その願いを抑圧してしまったら、後述するように、魂の慢性病となってしまいます。

この世的価値観とマヤズム

マヤズムは、ホメオパシーの創始者であるハーネマンが発見したもので、通常、瘴気や感染体を意味しますが、ホメオパシーでは『病気の土壌』を意味します。全ての慢性病は根をもち、その根をたどっていくと人類共通の土壌(マヤズム)があり、土壌に根をもつ慢性病は、マヤズム治療をしない限り根治しないことがわかったのです。現在までに、癩病(らいびょう)マヤズム・疥癬マヤズム・淋病マヤズム・梅毒マヤズム・結核マヤズム・癌マヤズムが発見されています。

先の【表1】を見ていただければわかると思いますが、体の病気の原因は思い通りにならないストレスであり、＝感情です。感情は、この世的価値観から生じる意志の流れが、障害に遭遇し堰き止められて生じます。ですから、この世的価値観に感染していなければ、そもそも意志の流れも障害もなく、感情（苦しみ）が生じることもなく、病気になることもなかったのです。

このように病気の大元は、この世的価値観にあります。

前述の通り、ホメオパシーでマヤズムというものは病気の土壌（病気の大元）であり、取り除くことのできない病気と考えられています。霊的にとらえた場合、取り除くことのできない魂の病気、すなわち、本能化したこの世的価値観のことであるとわかりました。より正確には、本能化したインチャです。インチャとは抑圧した感情のことで、第2章で説明します。このインチャが、今や全人類に受け継がれ本能化し、マヤズムとして存在しているということです。

「善」とする価値観	インチャ	=マヤズム
負ける	負けるしかない無力感	=癌
戦わない	負けたくない怒り	=結核②
戦う	戦いたい怒り	=梅毒
競争しない	負けたくない恐れ	=結核①
勝つ	勝りたい恐れ	=淋病③
優れている	優れたい恐れ	=淋病②
条件付きで愛される	愛されたい悲しみ	=淋病①
無条件に愛される	自分の価値への疑い	=疥癬④
大事にされる	嫌だ、大事にされたい	=疥癬③
好きなことをする	嫌だ、好きなことをしたい	=疥癬②
快適である	嫌だ、快適でいたい	=疥癬①
休息する	嫌だ、何もしたくない	=癩病
生き続ける	生き延びたい恐怖	=腸内細菌

【表2】 マヤズムの階層構造

癩病マヤズムからは、休息するためのたくさんの価値観が生じます。疥癬マヤズムからは、快適でいるため、好きなことをするため、大事にされるためのたくさんの価値観が生じます。淋病マヤズムからは、愛されるため、優れるためのたくさんの価値観が生じます。梅毒マヤズムからは、戦うためのたくさんの対抗価値観が生じます。結核マヤズムからは、争わないためのたくさんの価値観が生じます。この世的価値観が病気の大元ですから、全ての病気はこのマヤズムから芽を出していると言えます。

幸いホメオパシーには「マヤズム治療」があり、目覚めたマヤズムを鎮める方法があります。ただし、ホメオパシーといえども、本能化したマヤズムを取り除くことはできません。目覚めたマヤズムのための抗マヤズムレメディーと、マヤズムを目覚めさせたショックと同種のレメディーでショックを鎮め、マヤズムを眠らせるのです。このマヤズム治療はホメオパシーの奥義とも言えるもので、ホメオパシーで難病を治癒に導くことができるのも、マヤズム治療があるからです。マヤズム治療についての詳細は『慢性病論』（ハーネマン著／ホメオパシー出版）を参照してください。

この世的価値観は、親のしつけや世間の常識などによって植え付けられていきますが、それだけではありません。胎児は、母が胎児に向ける意識を通して自分の意識を発達させますので、どうしても母の価値観をそのまま受け継いで生まれてきます。また、親を含めた先祖の価値観や自分の前世の価値観も一部、受け継いでしまいます。

この世的価値観が感染する素地としてのマヤズムの価値観も当然、受け継いでいます。願いが叶わないショックでマヤズムが目覚め、そのマヤズムの価値観から派生するこの世的価値観に簡単に感染し、信じてしまいます。本能化したマヤズムが素地になければ、この世的価値観に、いとも簡単に感染することはなかったはずです。

人類がこんなにも否定されることに弱いのは、それほど「優れたい欲が強い」「劣っていることが恐い」、「勝りたい欲が強い」「負けることが恐い」ということなのです。それは、それほど「愛されたい欲が強い」「愛されないことが恐い」ということです。それは、それほどまでに、「生きたい欲が強い」「死ぬのが恐い」ということに他なりません。

このように人は、親や先祖、自分の前世からの価値観の移入や刷り込み、親や世間からのこの世的価値観による否定、世間や各種メディアからの価値観の刷り込み（主に対抗価値観に使われる）が行われ、魂がこの世的価値観でがんじがらめになっている状態です。

病原体はインチャが生物化したもの

マヤズムの正体は本能化したインチャであると言いました。インチャは、魂（この世的価値観）と心（感情）をもった自分から切り離された一つの存在です。そのインチャが腸内微生物として実体化したものが病原体ではないかと推測しています。病原体は種特異性があり、本来、同じ病原体でも人間に感染する病原体は他の動物には感染しませんし、鳥に感染する病原体は人間には感染しません。このことから、病原体はもともとその生物から発生したと考えるのが妥当です。そして、それらの病原体は、腸内においてインチャが生物化したものではないかと思われます。

なぜ生物化したのか？　これは、自分が否定した自分（インチャ）を認識するためです。自分を認識するためには、自分を映す鏡を必要とするように、自分を映す鏡として病原体が実体化するということです。つまり、感染症とは自然が為す同種療法であると考えています。感染症を克服することを通して、抑圧された感情の解放とこの世的価値観を解放するために（つまりインチャを解放するために）、病原体は存在するのだということです。ですからその病原体に共鳴するインチャを抱えていなければ、基本的に感染することはないはずです。もちろん、免疫が著しく弱っている場合はこの限りではありません。

子どもの罹る病気も、子どもは自分でインチャを癒すことはできませんから、子どもの罹る病気に罹り、その病気を克服することを通して、自分のインチャだけではなく、自分の前世のインチャや親、先祖のインチャを解放しているのではないかと推測されます。

しかし、そのありがたいはずの感染症を克服せず抑圧すると、病原体を自己として受け入れることになってしまいます。こうして、インチャが肉体レベルで自分の一部となり本能化してしまったもの、すなわち、癩病、疥癬、淋病、梅毒、結核、癌が自分の一部となったものがマヤズムの正体であると考えています。

愛されるための条件=『優れていることが善』

親は子どもを淋病マヤズム（『優れていることは善』）から生じる条件付きの愛（この世的価値観）で愛します。条件付きの愛は、次の四つに大別できます。

①道徳的に優れていること　『良い子が善』
②能力的に優れていること　『できる子が善』

③容姿的に優れていること　『見た目が良い子が善』
④道徳的・能力的・容姿的に人より優れていること　『勝(まさ)ってる子が善』

①の道徳的（人間的）に優れている価値観の例としては、『行儀よいことが善』『わがままを言わないことが善』『人に迷惑をかけないことが善』『泣かないことが善』『臆病ではないことが善』『怒らないことが善』などの『良い子が善』という価値観です。
②の能力的に優れている価値観の例としては、『勉強ができることが善』『スポーツができることが善』『ピアノを弾けることが善』『絵がうまいことが善』などの『できる子が善』という価値観です。
③の容姿的に優れている価値観の例としては、『美人であることが善』『痩せていることが善』『男であることが善』などの『見た目が良い子が善』という価値観です。
④は『道徳的・能力的・容姿的に人より優れていることが善』という『勝ってる子が善』という価値観です。
親は①〜④のいずれかの価値観で（条件付きで）子どもを愛します。つまり親はこのいずれかの価値観で子どもを否定します。否定するというのは愛と正反対の行為。愛は受け

入れることで、否定は受け入れないことです。

胎児・赤ん坊・幼児は、本能で、親の価値観を信じています。この世で生きていくための自我を形成する必要があるからです。一方で、胎児・赤ん坊・幼児は親に無条件に愛されると信じて疑いません。だから、親の価値観で否定されるとものすごくショックを受け、無条件に愛してほしいインチャ（自分は駄目なのではないかという疑いの恐れのインチャ）である疥癬マヤズム④が目覚めます。しかし、胎児・赤ん坊・幼児は自分でその疑いの恐れを払いのけることができません。親の価値観をそのまま信じ、同時に自分は駄目だ（自分は価値がない）と信じてしまうのです。

こうして、優れた子になるから今は駄目な自分を愛してほしいインチャの淋病マヤズム①が目覚め、駄目な自分を愛してと、求めるようになってしまいます。そうして、悲しみの感情が生じるのです。

勝つための条件＝対抗価値観（『戦うことが善』）

対抗価値観については、第2部を参照してください。

第2章　心

心とは何か？

心とは思いのことで、思いとは感情のことです。急性の感情が強い思い（強い願い）で、慢性の感情が普通の思い（弱い願い）です。それでは、感情がどうやって生じるのか見ていきましょう。

この世的価値観には善悪があります。この世的価値観をもっていると善を目指す意志の流れが生じ、その意志の流れを堰き止める悪（障害）が生じます。そして、堰き止められた意志は、凝集して渦を形成します。この渦（凝集した意志）が感情（悲しみ・恐れ・怒りなど）です。

たとえば、あるとき弟が生まれ、突然お姉ちゃんになります。お母さんに甘えようとすると、今までは何でも許されていたのに「もうお姉ちゃんなんだから甘えないで」と叱られて、びっくりして不安になります。以前のように、お母さんに無条件に大事にされるこ

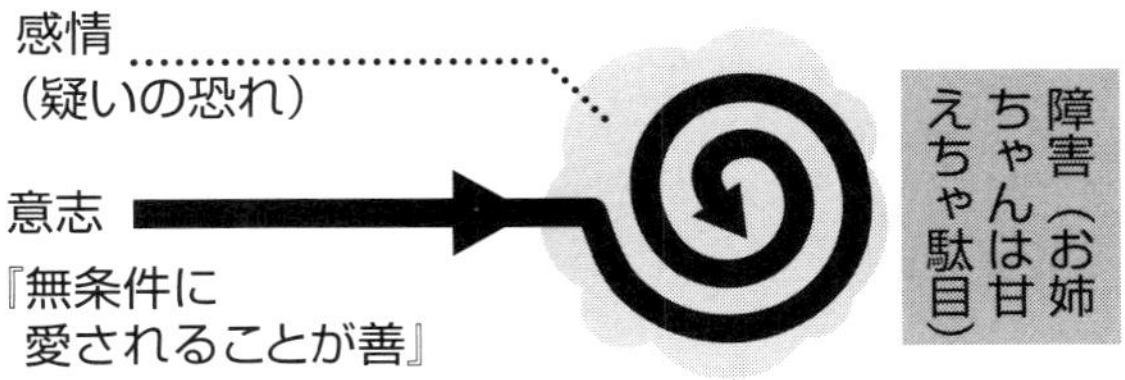

感情
（疑いの恐れ）
意志
『無条件に
愛されることが善』
障害（お姉ちゃんは甘えちゃ駄目）

とを願いますが、お姉ちゃんであることが障害となって『無条件に愛されることは善』という意志の流れが堰き止められて凝集し、疑いの恐れ（驚き）の感情が生じます。

このように感情とは、思い通りにならない状況で、意志が凝集した強い思い（強い願い）です。そしてこれが欲の正体で、思い通りにならないストレスであり、苦しみの正体です。甘えたいのに甘えられない苦しみですね。同時に、障害を排除し思い通りにしたいという強い思いのことです。『お姉ちゃんは甘えちゃ駄目』という価値観を排除し、無条件に愛されたいという強い思いです。

この急性の感情が心の急性病で、魂の病気（この世的価値観）からもたらされます。

インチャとは?

『お姉ちゃんは甘えちゃ駄目』ということを受け入れると、悲しくなって泣き出します。するとと今度はお母さんから「泣くな!」と怒られてしまいます。本当は愛されたくて悲しくて、甘えることを許してほしかったのに、その悲しみを我慢して良い子になろうとします。

感情は意志の流れが堰き止められて凝集した強い願い(欲)のことでしたね。その強い願いである感情を抑圧するということは、強く願っている自分を否定することです。すると、強く願っている自分が、自分から切り離され分離(孤立)してしまい、潜在意識に沈潜し、未解決な欲となって存在し続けることになります。この未解決な感情、未解決な欲のことをインチャと言います。

この場合は「愛されたい悲しみのインチャ」です。インチャの正体は抑圧された強い願い、そして、心の慢性病です。心の急性病である感情を抑圧することで、心の慢性病であるインチャが形成されるのです。

本当はお母さんに抱きついたり、抱っこされたりと、存分に甘えたかったのです。甘える自分を許してほしいと、弱音を吐きたかったのです。そして許してほしかったのです。

お姉ちゃんだけど甘える自分を許してほしいと悲しみ、泣いていたのです。もし許されたら、お姉ちゃんでも甘えることは障害ではなくなります。しかし『泣くのは駄目』という価値観で泣くことを禁じられ、許しを求めることを禁じられ、悲しみの感情のままに行動することを禁じられたために、悲しみの感情が抑圧され、「愛してほしい」「お姉ちゃんだけど甘える自分を許してほしい」という強い願い（欲）が未解決なものとして存在し続けることになってしまったのです。

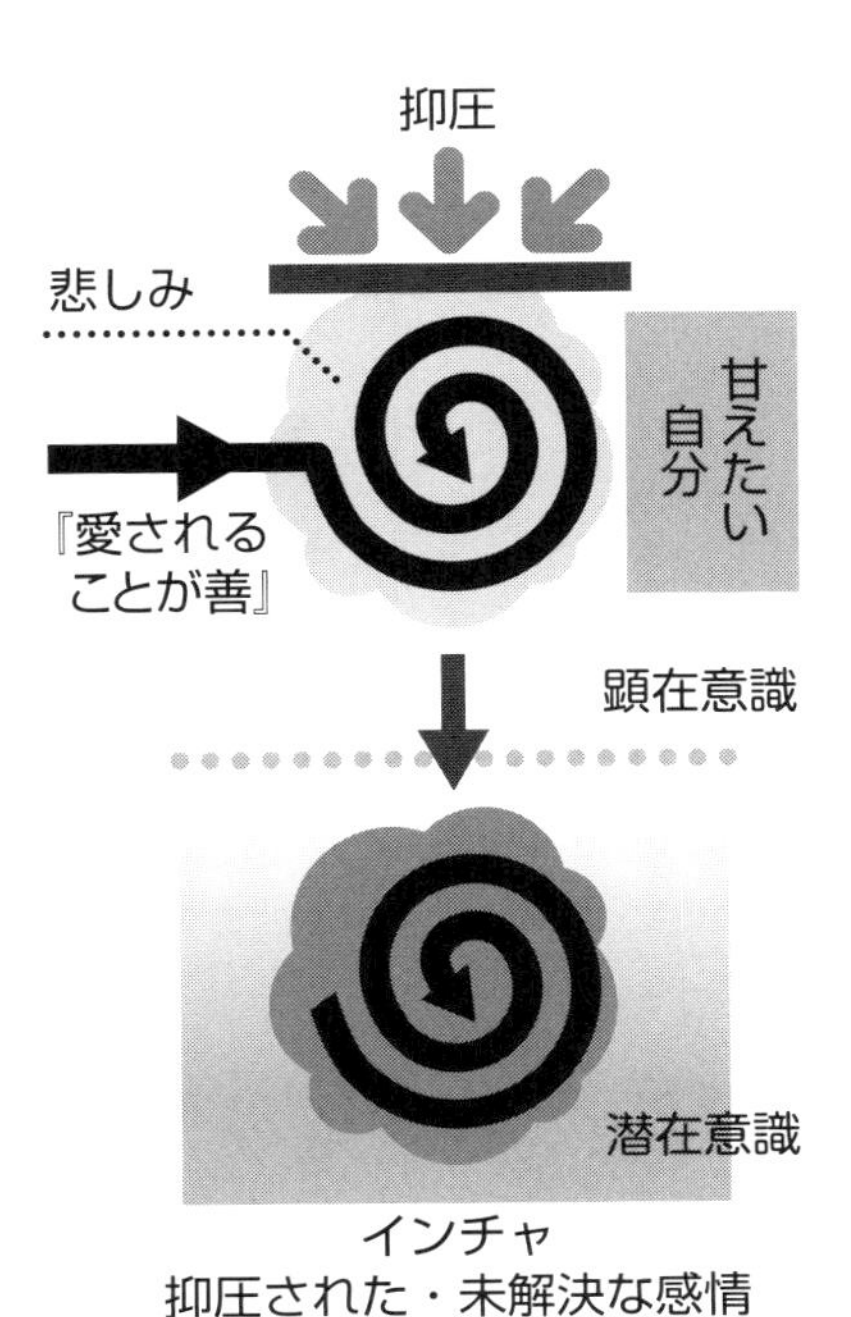

インチャが心の急性病(感情)を作る

感情が抑圧され潜在意識に沈んでいくと普通の思いとなり、普段は意識しなくなりますが、インチャを刺激する同種の出来事に遭遇すると、急性の感情として顕在意識に浮上します。

たとえば母に愛されなかったために、愛されたくて泣いている悲しみのインチャがいると、今の彼氏にちょっと冷たくされるだけで、悲しみのインチャが敏感に反応し、愛を求めて泣いてしまうのです。

大人のあなたが今感じている急性の感情は、今の自分の感情ではなく、インチャの感情(過去の未解決な感情)を感じているということ。過去の障害を現在に投影して、未解決な感情を感じているということです。そして現在の出来事は、苦しみの直接の原因ではなく、過去の感情を生じさせた障害を現在の出来事に投影しているだけなのです。

このようにインチャは、サセプタビリティ(感受性)を作り出します。ホメオパシーでは、サセプタビリティは病気と考えられています。アレルギーと言ってもいいでしょう。心のサセプタビリティ、心のアレルギーの正体は、インチャです。インチャがいるから、ちょっとの刺激でも過剰に反応してしまうのです。

したがって、苦しみの原因を外の障害に求めて、批判している人がいますが、実際は、苦しみ（感情）の種はインチャとして自分の内面にあり、それを表出させるため、現在の出来事があるのだということです。

大人の感情のほぼ全てがインチャに由来する感情です。インチャを癒さない限り、急性の感情（心の急性病）はなくなりません。つまり、インチャを癒さない限り、苦しみも病気もなくならないのです。

飽くことなき欲＝インチャ

未解決な欲であるインチャが存在する限り、その欲を満たそうとします。たとえば母に愛されなかったために、愛されたくて泣いている悲しみのインチャがいると、さまざまな人に母を投影し、愛を求めるようになります。しかし、いくら愛されたとしても、本当に愛を求めているのは、子どもの頃の悲しみのインチャですから、そのインチャが愛されない限り、決して満たされることはありません。

条件付きの愛により、駄目と否定され愛されず、愛されたくて泣いている悲しみのインチャを見つけ、大人の自分がその子を愛して（許して）やらない限り、心の穴はふさがらず、満たされることはないのです。

欲の正体とは感情であると言いました。ならば、自分から切り離され孤立した感情であるインチャは、「飽くことなき欲」「決して満足することのない欲」と言えます。このインチャの存在があらゆる不幸の根源にあります。私がインチャ癒しに力を入れるようになったのは、インチャを癒すことなく本当の幸せは得られないし、健康にもなれないことがわかったからです。

感情の抑圧が魂の慢性病を作る

感情は意志の凝集体であると言いました。つまり感情の中に意志、すなわち価値観が入っているのです。したがって、感情を抑圧するということは、同時に意志（価値観）を抑圧することになります。感情を抑圧するたびに価値観も抑圧され、自分から分離し、インチャとなって孤立してしまうのです。インチャとは抑圧した感情であり、抑圧した意志（価値観）です。つまりインチャとは、心の慢性病であると同時に魂の慢性病であるということです。

抑圧された感情と意志がインチャとなって分離する一方で、本体の自分は、インチャの価値観を否定した、新しい価値観を生き始めます。感情を抑圧することで、別の新しい価値観を生き始めるのです。

愛を求めて悲しんでいるのに、それを抑圧すれば、良い子になることを目指し、恐れ、頑張ってしまいます。

良い子になりたくて恐れて頑張っているのに、それを抑圧すれば今度は、悪い子になることを目指し、怒りで戦ってしまいます。

打ち負かしたくて怒りで戦っているのに、それを抑圧すれば、負けることを目指し、無力感を感じて何もしたくなくなるのです。

結局インチャとは、価値観（願い）をもち、その願いが叶えられず、悲しみ、恐れ、怒っている、自分から切り離され孤立した自分なのです。したがって未解決な感情を抱えたまま、価値観だけ解放することはできません。インチャ癒しは、感情の解放と価値観の解放の両方をやってはじめて終結するのです。

悲しみ

感情を抑圧するとき、同時に価値観も抑圧され、別の価値観を生き始めると言いました。こうして人は感情を抑圧する度に自己を分裂させていくのです。

親が条件付きの愛で子どもを愛することで、子どもはその条件を信じ、無条件に愛されることを諦め、親から愛されるために、その条件で優れようとします。

条件付きの愛は、次の四つに大別できると第1章で言いました。

①道徳的に優れていることが善＝良い子が善
②能力的に優れていることが善＝できる子が善
③容姿的に優れていることが善＝見た目が良い子が善
④道徳的・能力的・容姿的に人より優れていることが善＝勝ってる子が善

親は①～④のいずれかの価値観で（条件付きで）子どもを愛し、つまりは、いずれかの価値観で否定しています。

胎児・赤ん坊・幼児は、親の価値観を信じるしかなく、同時に自分は駄目だと信じてしまいます。こうして『条件付きで愛されることは善(優れてる子になるから愛してほしい)』という淋病マヤズム①が目覚め、駄目な自分が愛されることを求めます。そして、愛されたいのに愛されず、悲しみの感情が生じるのも前述の通りです。

悲しみの感情とは何なのか？　それは愛されたい悲しみです。自分が良い子・できる子・見た目が良い子・勝ってる子じゃないから、要するに自分が駄目だから（優れていないから)、愛してもらえないという悲しみです。そして悲しみというのは、自分は駄目だけど(優

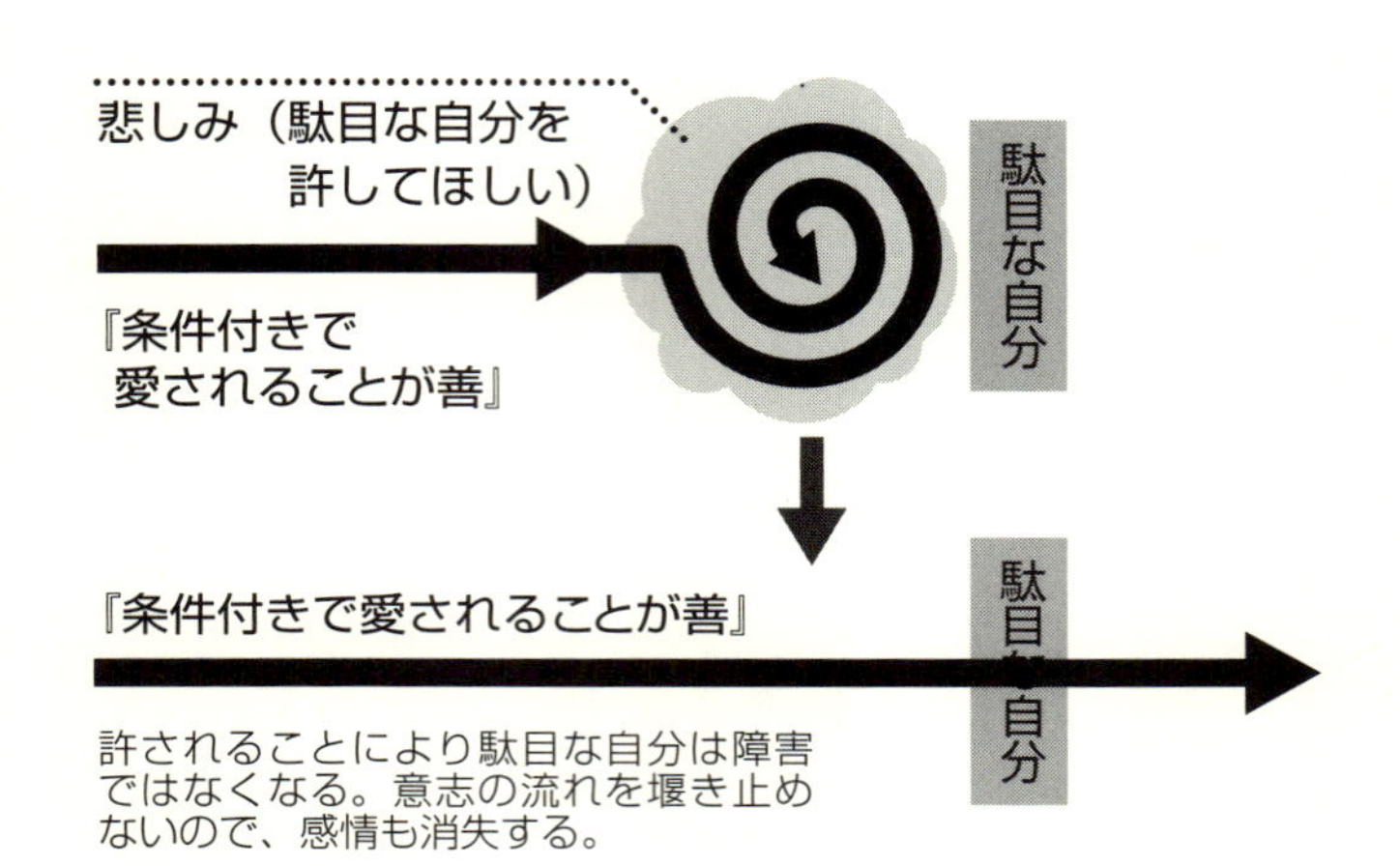

れていないけれど）、それでも愛して（許して）という感情なのです。

結局、悲しみの感情というのは、駄目な自分という障害をなくそうとしているのです。

どうやってなくそうとしているのか？

許されることによってです。許されることで障害は障害とならなくなり、意志の流れを堰き止めなくなるのです。

障害を障害と見なさないことで、願いは純粋なものとなっていきます。自分が駄目な自分を受け入れ、許していくことで、愛されたいという願いが成就するのです。悲しみという感情は、愛されたいという願いを純粋にするためにあるとも言えます。

悲しみの感情は、「駄目な自分を許してほしい」という感情なのです。泣いて許しを求めているのです。良い子・できる子・見た目が良い子・勝ってる子じゃない自分が許されることによって、『優れていることは善』というこの世的価値観（愛される条件）を手放していくことができるのです。

許すこと＝愛ですから、無条件に愛されることによって愛される条件を手放していくことができるのです。だから悲しみの感情は、『優れていることは善』というこの世的価値観を排出しようとして表れている症状なのです。

子どもは親に否定されたら、生きてはいけません。だから親に許してもらうしかないのです。子どもが泣いて許しを求めても親が許さなかったらどうなるのでしょう。胎児は泣くこともできず、悲しみの感情を表現する術をもちませんから、許されることもできません。許されなければ悲しみが未解決な感情として切り離され、存在し続けます。

このように大元のインチャは「愛されたいインチャ」「許されたいインチャ」「受け入れられたいインチャ」なのです。「愛されたいインチャ」は否定された「悲しみのインチャ」です。この悲しみのインチャがあることで、その後の人生のさまざまな場面で愛されていないと感じ悲しくなります。子どものころに否定され、許してもらえなかったインチャの悲しみを今、感じているのです。

恐れ

悲しみの感情を抑圧するということは、愛されたいという願いを否定することです。愛されたいと願うのは、甘えやわがままなことであり、人間的に未熟な赤ん坊や幼児のすることと信じ、『愛されることは善』という価値観を否定してしまうのです。

そして『優れていることが善』というこの世的価値観を完全に受け入れ、優れていなければ駄目だと恐れます。親の価値観を生きるようになり、良い子・できる子・見た目の良い子・勝ってる子になりたいと願うのです。

①道徳的に優れようとします。
②能力的に優れようとします。
③容姿的に優れようとします。
④道徳的・能力的・容姿的に人より優れようとします。

子どもは親の価値観で優れようとし、①〜④いずれかの価値観を生きるようになります。

道徳的（人間的）価値観の弊害

『感情を出すことはいけないこと、恥ずかしいこと、未熟なこと』などの価値観で親が子どもの感情表現を禁じると、子どもは親の価値観を信じて、感情を抑圧し、インチャてんこ盛りの悲惨な人生を送らざるを得ません。

『わがままを言っては駄目』『我慢しなければならない』など自分の正直な思いや行動、願いを抑圧する価値観も同様です。この道徳的価値観は、インチャを作る元凶なのです。

道徳的に優れること、自分の正直な気持ちを抑圧して生きることは、頑張ればできます。しかしそれは、自分を分裂させて偽りの自分を生きることであり、いずれ精神に異常を来し、とても辛く苦しい人生になってしまいます。

感情を抑圧することで私たちの心は本当に複雑化します。このように感情を抑圧する価値観、道徳、常識というものは、排泄のための身体症状を抑圧する薬（解熱剤、気管支拡張剤、下痢止め、ステロイド、亜鉛華軟膏など）と同様、病気を作り出す元凶です。

能力的価値観の弊害

能力的に優れることは、努力次第でなんとかなる場合と、努力ではなんともならない場合があります。才能というものがありますから、才能がない場合はとても苦しい人生になります。

容姿的価値観の弊害

容姿的に優れようとしても限界があります。太っている子が痩せることはある程度可能です。しかし不美人な子が美人になることには無理があります。ましてや、女の子が男の子にはなれません。女性性を否定された女の子は、そのまま受け止め、信じますから、とても苦しい人生になります。自分は女性だから、かわいくないから愛されないと確信している自分がいるので、その後の人生で、大変な嫉妬に苦しむことでしょう。

少しでも見た目をよくしたいと、一生懸命メイクしたり、エステに通ったり、美容院に行ったりして頑張ります。それでも駄目な場合、道徳的・能力的に優れようと努力します。

頑張ること＝駄目な自分を否定すること

このように、子どもが親の価値観を生き、優れようとすることで、ありのままの自分を生きられず、苦しい人生を歩むことになります。たとえば『勉強できないのは駄目』と否定され、勉強ができない自分を許してほしいと泣きますが、許されず、『勉強できることは善』という価値観を信じ、勉強ができることを目指すようになります。

勉強ができない駄目な自分を否定し、勉強ができるように頑張るのですが、愛されたいインチャ（許してもらうことしか考えていない、勉強ができない駄目な子）がいるために、どうしてもその駄目な自分が浮上してしまい、障害となって『勉強できることは善』という意志の流れを堰き止めてしまうのです。こうして生じる感情が恐れです。

できる子になれない恐れです。なぜ恐いのか？　できる子でなければ愛されない（否定される）からです。この恐れは、駄目な自分（愛されたいインチャ）を排除しようとする原動力となります。

だから、頑張って優れた子になろうとします。自分が駄目だから（ブレーキ）頑張って（アクセル）優れた子になろうとするのです。頑張れば頑張るほど駄目な自分（愛されたいイ

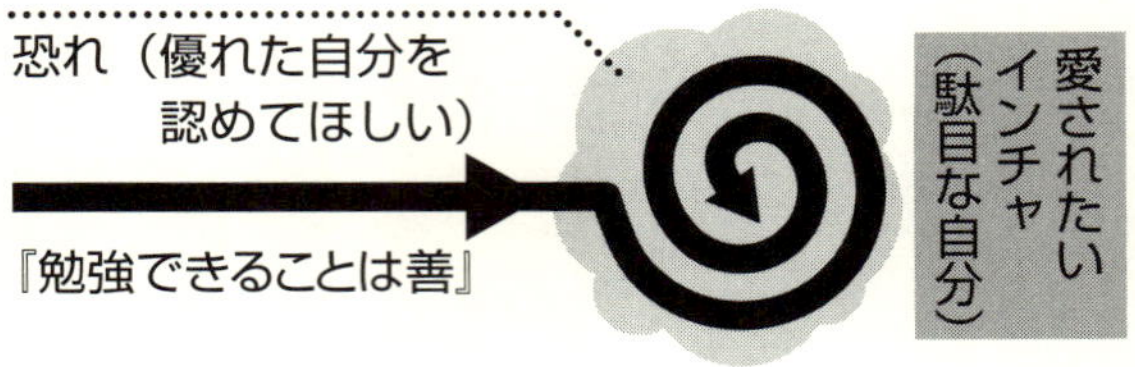

愛されたい
インチャ
（駄目な自分）

恐れ（優れた自分を
認めてほしい）

『勉強できることは善』

ンチャ）を否定することがわかると思います。つまり、ブレーキとアクセルを同時に踏んでいる状態です。これではいつかエンジンがオーバーヒートしてしまうように、生命力が燃え尽きてしまいます。たとえ頑張って頑張り抜いて優れたとしても、流れに逆らって進むようなものですから、ものすごい労力を必要とし、疲労困憊、精根尽き果ててしまいます。

頑張るということの本質は、駄目な自分を否定して排除することです。これではうまくいきません。駄目な自分を否定している限り、それが障害となって、意志の流れが堰き止められ、現実が思うように変わらないのです。願いを叶える鍵は、障害を許していくこと。ブレーキを踏まず、アクセルだけを踏むことで、願いは自然と叶います。

優れるための極意

もし本当に優れたければどうしたらよいか？　願いを純粋にすればいいのです。それは願いをもちながら、障害を障害と見なさないようにしていくことです。障害がなくなれば、意志の流れを妨げるものはありませんから、どんどん意志の流れが目的に向かって流れていきます。最後は願いが純粋となり、この世的価値観は霊的価値観に移行します。悪のない善だけの価値観です。このとき、願いは必ず実現します。それが後述の『百体清浄太祓（ひゃくたいしょうじょうふとばらい）』で言われていることです。すなわち「万物の霊なるが故に為すところの願いとして成就せずということなし」です。行為と願いは一体化し、行為そのものが願いとなるとき、その願いが成就しないことはないということです。

意志の流れがよどみなく流れることによって、その意志の流れに基づく行為（無為）が自然と行われ、現実がどんどん目的に近づいてくるのです。そうして願いは成就します。努力によって、目的が現実化するのではないのです。

たとえば『勉強できることが善・勉強できないことは悪』という、この世的価値観に感染しているものの、障害に遭遇するたび、テストで30点しかとれなくても許されるという

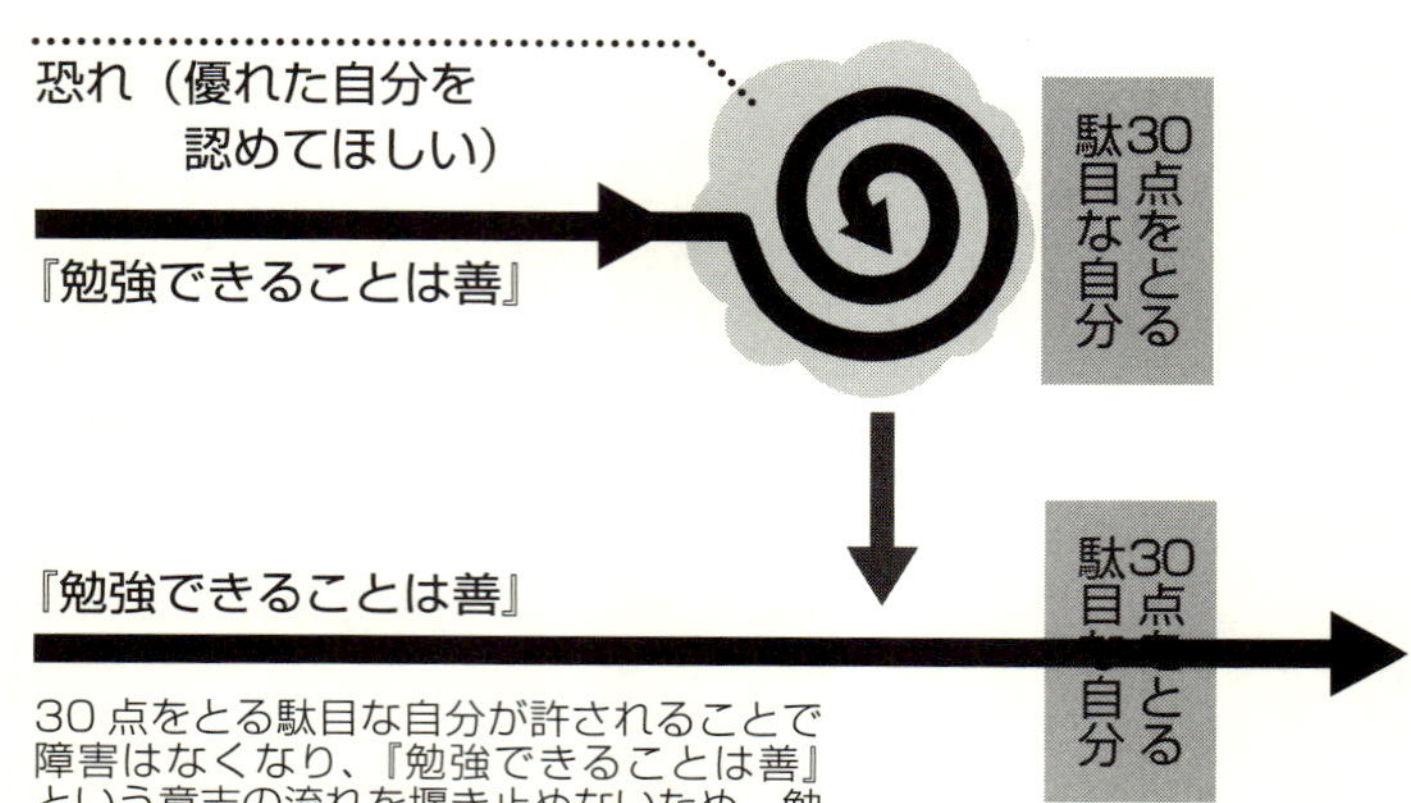

ように、その障害を受け入れ許していくと、どんどん障害（悪）が無くなっていき、『勉強できることが善』という願いが純粋になっていきます。駄目な自分を許していくことで、願いは純粋になっていくのです。最後は『勉強できることが善・だけど勉強ができなくてもいい』という霊的価値観に移行します。

とはいえ、障害を受け入れていく、許していくには、優秀インチャ（できる子インチャ）を癒していかなければなりません。勉強できない自分は駄目だと悲しんでいるインチャを許してあげることで、優秀インチャは癒されます。すると、勉強できるようになりたいという意志の流れを堰き止める障害がなくなり、どんどん勉強ができるようになっていきます。

このとき、30点はもはや障害ではなくなります。自分がよりよくなるための導き、自分の弱いところを教えてくれるありがたいものとしてとらえられるようになるからです。

成功するためには多くの失敗が必要であるように、勉強ができるようになるためには、できない部分、現実を見ていく必要があります。このとき30点は障害ではなく、目標に到達するための道しるべとなります。自分を否定する障害ではなく、自分をより肯定するための踏み台となるのです。

しかし、世の親はこの道理がわからず、テストで30点だと怒るわけです。許さないのです。それが障害（駄目な自分）となってどんどん勉強ができなくなるんですね。

目的達成のための障害を親がどんどん許していけば、善へ向かう意志のエネルギーを堰き止めないため、子どもは自ずと優秀になるのです。

このとき恐れから頑張って勉強するのではなく、純粋に勉強したいからと勉強するようになります。だから苦しくありません。むしろ勉強することが楽しいと思うでしょう。

百体清浄太祓

掛けまくも畏き皇大神の宣賜わく。人は則ち天下の神物なり鎮め静まるべし。心は神明の本の主なり、我が神魂を傷ましむることなかれ。

是の故に目に諸々の穢れを見て、心に諸々の穢れを見ず。

耳に諸々の穢れを聞きて、心に諸々の穢れを聞かず。

鼻に諸々の穢れを嗅いで、心に諸々の穢れを嗅がず。

口に諸々の穢れを言うて、心に諸々の穢れを言わず。

身に諸々の穢れを触れて、心に諸々の穢れを触れず。

意に諸々の穢れを思いて、心に諸々の穢れを想わず。

此のときに清く潔き詞あり。諸々の法は影と像の如し、清く潔ければ仮にも穢るること無し、説を取らば得可からず、皆花よりぞ木実とはなる、我が身は則ち百体清浄なり。百体清浄なるが故に中府の神君安寧なり。中府の神君安寧なるが故に天地の神と同根なり。天地の神と同根なるが故に万物の霊となる。万物の霊なるが故に為すところの願いとして成就せずということ無し。慎み敬い申す。

由井寅子 訳

畏れおおくも天照皇大神がおっしゃられた。人は神の分霊（わけみたま）であるから、何事にも動じることなく心を鎮め静かでいなさい。心は、この世においては、神の働きの主人となるから、心で己の魂を傷つけることがないようにしなさい。

（心とは、この世であなたが善とした価値観［生きる目的や願い］やそこから生じる感情のこと。この心はこの世で神の理想を花咲かせるための主人であるから、真我に沿った正しい目的や願い［霊的価値観］をもち、不自然な目的や願い［この世的価値観］をもつことで自分の命［魂］を傷つけることのないようにしなさい）

したがって、目にいろいろな穢れを見たときに（それを穢れと見る心に気づき解放し）心でもってそれらを穢れと見ることをせず、耳にいろいろな穢れを聞いたときに（それを穢れと聞く心に気づき解放し）心でもってそれらを穢れと聞くことをせず、鼻にいろいろな穢れを嗅いだときに（それらを穢れと嗅ぐ心に気づき解放し）心でもってそれらを穢れと嗅ぐことをせず、口でいろいろな穢れを言ったときに（それらを穢れと言う心に気づき解放し）心でもってそれらを穢れと言うことをせず、体にいろいろな穢れを触れたときに（それらを穢れに触れると思う心に気づき解放し）心でもってそれらを穢れと触れることをせず、頭でいろいろな穢れを考えたときに（それらを穢れと考える心に気づき解放し）心でもってそれらを穢れと考えることをしない。

このとき魂は全く清浄である（魂が、この世的価値観とそこから生じる感情で穢されていないから）。諸々の現象は、形があってこそ影が生じるように、心が清く潔ければ穢れるということはない（形がなければ影も生じないように、心にこうあるべき法［形＝道徳・価値観］がなければ穢れ［影＝否定・悪・感情］が生じることもない）。

これを言葉で説明したくともできないが、花から木の実が生じるように、もともと純粋な神霊から生じたこの体は、本来穢れなく全て清浄なものなのだ。そしてこの体が穢れなく全て清浄であるとき、この体に宿る神君［真我］もまた安らかである（影がないとき形がないことを意味するように、肉体が清浄であるとき魂が清浄であることを意味する）。神の分霊である神君［真我］が安らかであるが故に、天地の神と同じ根をもつ。天地の神と同じ根をもっているが故に、（天地の神より現れ出でたる）万物［物質世界］の霊［神］となる。万物［物質世界］の霊［神］となり、それ故にこの物質世界で心が願う、その願いを実現させようとしてする行為が実を結ばないということはない。必ず成就する。

解説

百体清浄太祓は、この世的価値観としての願いを、障害を障害と見なさない努力をすることで（インチャ癒しをすることで）純粋化させ、よりよい自分、よりよい社会を実現させるための祝詞です。障害を障害と見なすのも、この世的価値観です。この世的価値観を純粋にすることは、他のこの世的価値観を解放することです。すなわち、この世的価値観を純粋にすることを通し、自分の魂を磨いていくための祝詞とも言えます。

人には心の働きによって何を理想（善）とするか決める自由が与えられています。そしてその理想を実現するために、障害を障害と見なす価値観を解放していくことで、理想は純粋化され、霊的価値観となります。意志の流れを妨げるものがなくなることで、意志の流れはどんどん現実を動かし、願いは現実化するのです。花から木の実が生じるように、神の願いに沿った理想をもてば、必ず実を結ぶということです。ただ願うだけでは実現化しません。この世では、行動しなければ現実化しないようになっています。純粋な願いは行為と一体のもの。これが「為すところの願い」の意味するところです。意志の流れは現実を動かしますが、意志の流れは行為と一体のものです。

このように神道では、この世に神の理想を花咲かせ（霊的価値観を花咲かせ）、実を結ぶ（霊的理想を現実化させる）ことに重きを置いているように思います。それは超高度な物質文明として現実化する場合もあるでしょうし、超自然的生活として現実化する場合もあるでしょう。どちらになるかは、私たちが何を理想とするかによります。どんな理想でも願いを純粋化させることで実現できます。

このように、神道には希望を肯定するイメージがあります。一方、仏教には、希望そのものを無くしていく先にある幸せが肯定されるイメージがあります。希望がなくても、幸せであるということです。しかし目指すところは同じ、この世的価値観を解放し、霊的価値観で生きる、すなわち、魂を磨くことなのです。

頑張ることには限界がある

話が逸れましたが、愛されたいインチャ（駄目な自分）を抱えたまま優れようとすることは、駄目な自分（愛されたいインチャ）を否定することです。流れに逆らって進むようなもので、どうしても頑張る、努力するという苦しみを伴うものにならざるを得ないのです。

それは駄目な自分に直面したくない、駄目な自分を否定されたくないという恐れから、頑張って逃げているのです。だから心に平安がありません。勉強できない自分では許されないからと頑張り続けている間は、心に平安はないのです。頑張れば頑張るほど苦しくなります。駄目な自分、愛されたいインチャが苦しくなるんですね。頑張れば頑張るほど駄目な自分を否定することになるからです。頑張ることの本質は、駄目な自分から逃げるということなのです。

頑張っても頑張っても親が褒めてくれない、評価してくれない、認めてくれない、となると、もう頑張ることができないところにきます。頑張ることには限界があるのです。

そのときどうするか？

①自分が駄目であることを認め、受け入れる。
②頑張ることから逃げて戦う。

どちらかを選択しなければなりません。

①を選択すれば、悲しみに戻っても、悲しみに戻ることができます。

しかし悲しみに戻っても、子どもはまだ自分で自分を許す力はないし、親に許しを求めてもおそらく許してくれないでしょうから、必然的に②の「頑張ることから逃げて戦う」を選びます。

頑張っても頑張っても親が褒めてくれないとき、できる子になれない恐れの感情を抑圧して、頑張ることから逃げてしまいます。良い子・できる子・見た目の良い子・勝ってる子になろうとする恐れのインチャ（良い子インチャ・優秀インチャ・見た目が良い子インチャ・勝りたいインチャ・負けたくないインチャ）ができてしまいます。これらは、褒めてもらいたい、評価してもらいたい、認めてもらいたいインチャです。

その後の人生では、否定されないよう、ついつい頑張ってしまう人生となります。頑張っていい人になろうとしたり、有能さを示そうとしたり、格好つけようとしたり、人より優れようとします。そして自分の優秀さを示せない状況に遭遇すると、恐れの良い子インチャ・優秀インチャ・見た目の良い子インチャ・勝りたいインチャ・負けたくないインチャが浮上し、恐くなって必要以上に頑張ってしまったり、恐くて逃げだしたくなったり、隠そう、ごまかそうとするのです。

怒り

恐れの感情を抑圧するということは、優れたいという願いを否定し、『優れてなくていい』『頑張らなくていい』『自分は特別な存在である』『自分はすごい』『親が悪い』『世間が悪い』などの対抗価値観、プライド、大義名分、言い訳、被害者意識などの価値観を形成し、親の価値観を否定しようとします。褒めない相手と戦おうとするのです。

自分の意志で相手の価値観を否定して戦いを挑むわけですから、当然、自分の意志を通そうとすると、相手の価値観が障害となり、意志が凝集し感情が生じます。このときの感情が怒りです。攻撃にせよ防御にせよ、相手と戦うときは、最初から怒りの感情を伴います。そして戦うために必要な武器が、対抗価値観、プライド、大義名分、言い訳、被害者意識などです。

怒りというのは、自分を正当化するための感情で、駄目な自分から逃げて、頑張ることからも逃げて、自分を正当化してくれる価値観を借りて戦っているのです。

良い子でいることにも、能力にも限界がありますから、いずれ行き詰まって、怒りで抵抗するしかなくなりますよね。容姿を否定されたり、女であることを否定されたら、私のように一時は男の子のような格好や言動をして頑張りますが、いずれ頑張りようがなくなり、怒りで抵抗するしかなくなります。

問題は、対抗価値観を生きるようになると『優れていることが善』と信じている良い子・できる子・見た目が良い子・勝ってる子インチャも、攻撃対象となることです。対抗価値観で相手を否定し攻撃することは、恐れのインチャも否定することになるのです。

たとえば『勉強ができなくてもいい』という価値観をもつと、『勉強できることは善』と信じている恐れのインチャが障害となります。『自分は特別である』『自分はすごい』などのプライドの価値観が形成されると、恐れのインチャ（褒められない駄目な自分）が障害となって、意志が凝集し、怒りの感情が生じてしまいます。これは自分に向かう怒りで、駄目な自分を責めてしまうということです。プライドの高い人は、人を責め自分を責め、とても苦しい人生になってしまいます。

抵抗する時期が反抗期です。反抗しないとどうなるか、恐れて頑張り続けてボロボロになるか、怒りを抑圧し敗北感を感じて無力感・無気力になってしまい、やがて恨み・憎しみを抱くようになります。ですから子どもは反抗期に反抗した方がいいのです。もちろん、悲しみに戻り癒やせればよいのですが、子どもは自分を許す力がまだ小さいために癒すことができません。だから子どもの頃は、怒りの段階に踏みとどまることが大事です。インチャの怒りも抑圧してしまうと、エネルギー的にかなりダウンしてしまい、這い上がるのが大変になります。

怒りを抑圧すると、「戦いたいインチャ」「打ち負かしたいインチャ」「自分は特別であるインチャ」「自分はすごいインチャ」が作られ、その後の人生でちょっと否定されただけで怒りが爆発したり、相手を罵ったり、暴力を振るうなどして、攻撃的になります。

感情と価値観の変遷

このように感情は、悲しみ→恐れ→怒りと、感情を抑圧することで変化し、同時に価値観も変わります。

【1】愛されることが善……愛されたい………悲しみ
【2】優れていることが善…褒められたい……恐れ
【3】戦うことが善………打ち負かしたい……怒り
【4】負けることが善……負けるしかない……無力感
【5】服従することが善……服従するしかない…憎しみ

感情を抑圧することで、感情の中にある価値観も抑圧され、魂（価値観）と心（感情）をもつ、自分から切り離された自分＝インチャが形成されます。

このとき、感情を抑圧することになった価値観が主役となりますが、当然、抑圧した感情であるインチャが新しい価値観の障害になりますから、同時に、新しい感情も生じます。

一つの価値観は一つの自我であり、一つの自分です。感情を抑圧するたびに、自分が分裂し、生じる感情も変遷していくということです。

本当の自分は誰？　本当の願いは何？　それを知るには、この世的価値観で駄目と否定され、愛されず、悲しんでいる自分に戻らなければなりません。

本当の願いは何？

誰もが愛されないこと（否定されること）で悲しみ泣き・恐れ頑張り・怒り戦い・無力感になり・憎み服従し・虚無感を感じ絶望しています。誰もが駄目な自分から逃げています。たとえ頑張ってテストで100点をとって喜んでも、一時的なものでしかありません。すぐに再び不安になります。根底に、駄目な自分がいるからです。駄目な自分（＝愛されたい悲しみのインチャ）を癒さない限り、障害はあり続け、恐れの感情がなくなることはありません。死ぬまで頑張り続けることになります。

本当に求めているものは何ですか？　テストで100点をとることじゃないよね。本当に求めているものは無条件の愛。30点でも許してくれること、30点でも愛してくれること。子どもの頃、その愛が得られなかったがために、未解決な欲となったのです。そして生涯、愛を求め続けることになったのです。生涯、優秀であることを求め続けることになったのです。優秀ではない駄目な自分を見たくないから、生涯、戦うことになってしまったのです。

だから、本当に求めているものを与える必要があります。誰が与えるのか？　大人のあなたがそれを与えるのです。小さい頃のあなたが求めてやまなかった無条件の愛を、大人のあなたが与えてあげること、それがインチャ癒しです。30点しかとれなかった子どものあなたを許すということなのです。

なぜ怒りを抑圧してしまったの？　君が怒っている自分を未熟だと言って、許さなかったからだよね。なぜ恐れを抑圧してしまったの？　君が臆病な自分を格好悪いと言って、許さなかったからだよね。なぜ悲しみを抑圧してしまったの？　君が泣くのは弱虫だと言って、許さなかったからだよね。

怒っている君、恐れている君、悲しんでいる君、まずはそんな感情的で未熟な自分、駄目な自分を認めてあげようよ。そして許してあげようよ。感情を出すことを許していかなければ、感情の解放はできないから。『感情を出すことは駄目』という価値観は偽りの価値観で、本当は駄目でもなんでもないんだ。とても正直で大切な気持ちなんだ。だけどそれを超えていくには、まずはその『感情を出すことは駄目』という価値観で、すぐに感情的になる自分は駄目と信じている自分を認め、受け入れ、駄目な自分を許し、愛していくことでしか超えられないのです。否定した感情、価値観を解放していくことで、はじめて人は自分に正直に生きられるのです。そうして、自分が何に囚われていたのかがわかってきます。自分を本当に許していくことができ、本当に自分の命を生きることができます。

自分本来の命とは何か？　君の魂がもともと求めていたもの。全てを愛したかったんですよ。それをこの世で表現したかったんですよ。会社で働くことで、子どもの世話をすることで、ホメオパスになることで、自然農をやることで、森を守ることで、自分本来の命を開花させたかったんですよ。

怒りの感情の解放

たとえば、職場の上司に「君はなにをやらせても下手で使えないなぁ」と言われてカーっとなったとします。そのとき、怒りの感情に寄り添い、これはインチャの感情だと認識し、自分と分離します。そうして感情を感じ切ることで、過去、小学校の先生に「おまえはなにをやらせても駄目だなぁ」と言われ、怒りを我慢したことを思い出したりします。

このように、怒っているのは現在のあなたではなく、過去の怒りを抑圧したインチャです。抑圧した感情は未解決な感情としてずっと存在し続けます。そして、同じような状況下で、未解決な感情が出てきてしまうのです。

現在の上司に怒りをぶつけたとしても、インチャの感情は解決しません。インチャが怒りをぶつけたい相手は今の会社の上司ではなく、小学校の先生だったりするからです。

ですから、今の上司に怒りを感じたとき、小学校の先生に怒りをぶつけたいと思っているインチャを見つけ、その気持ちに共感し、イメージの中で小学校の先生に怒りをぶつけない限りは、抑圧した感情であるインチャが癒やされることはありません。

このように、過去の抑圧した怒りを解放していくと、それらの怒りも大元は父への怒りであることがわかってきます。小さい頃、『おまえはなにをやらせても下手だなぁ』といつも父に罵られていたときに抑圧した、怒りの感情だったりするのです。

どのように怒りをぶつけるか？　怒りの感情は相手を打ち負かしたいという欲です。小さい自分が父より優秀で、何でもうまくこなせることをイメージし、父に『お父さんは、なにをやらせても下手だなぁ』と侮辱したり、父をこてんぱんにやっつけたり。小さい自分では、父に勝てるところがうまくイメージできなければ、ジャイアント馬場などの助っ人を呼んできて、16文キックをやってもらったりするのです。

また、インチャに、言いたいことがあれば言わせます。「何をやらせても下手だと言うけれど、あんたは私に何も教えてくれなかったじゃないか、どうしてそんな酷い言い方をするんだ、自分の息子じゃないか、愛していないのか、愛のある話し方をしろ、それでも父親か、おまえこそ親としてまるで駄目じゃないか」などです。そして父が土下座して、子どもに「君の気持ちを考えず、傷つけるようなことを言って大変申し訳なかった。君の気持ちに寄り添って、導くように教えるべきだった。許してくれ」などと謝らせるのです。すっきりするまで何回でもこれをやります。毎回イメージを変えてもいいです。

できるだけ小さい頃に抑圧した、大元の怒りの感情を思い出すほうがよいのですが、大元ではなくても構いません。怒りの感情を抑圧する度に怒りのインチャが作られますから、怒りを抑圧した出来事を思い出すたび、片っ端から、相手を打ち負かすイメージをして、怒りをぶつけて、怒りの感情を解放してやるといいでしょう。

こうして抑圧した感情が解放されたら、インチャは癒され、同じような状況になったとしても、すぐに感情的な反応をすることはなくなります。しかし『下手は駄目』ということの世的価値観を解放しない限り、根本的な解決はしません。

この価値観を解放するためには、恐れや悲しみの感情に戻り、感情を解放する必要があります。恐れや悲しみの感情に戻るには、駄目な自分を認めなければなりません。戦うことをやめ、対抗価値観を手放さなければなりません。悲しみに戻ったら、悲しみの感情の解放を行います。悲しみの感情の解放とは、泣いて許しを求めるということです。許されることで悲しみのインチャの願いが叶い、この世的価値観を手放すことができます。

先ほどの例で言うと、父に、褒めてほしくて、評価してほしくて、認めてほしくて、一生懸命頑張っていたのです。その思いを、会社の上司や小学校の先生に投影し、一生懸命頑張っていたのです。だけど誰も褒めてくれないから、評価してくれないから、認めてくれないから、怒りで抵抗していたのです。駄目な自分から逃げて頑張っていただけなのです。そして、戦っていただけなのです。本当は父に、駄目な自分を許してほしかったのです。駄目な自分を愛してほしかったのです。それが叶わず、悲しかったのです。

イメージ療法について

イメージで相手を叩きのめすことに躊躇する方がいますが、自分の成長のために行うことですから、何も悪いことではありません。生霊となって多少は相手に影響を与えますが、一時的なものですから問題ありません。安心して、イメージの中で思う存分、やりたいことをやってよいのです。それに、もし親に怒りをぶつけるのであれば、そもそも怒りの原因を作ったのは親で、親の罪でもあるのです。親もまた、子どもの怒りを受け取る必要があるとも言えます。どうしても気になる人は、イメージした後、相手に「私のインチャ癒しにご協力いただきありがとうございました」とお礼を述べるとよいでしょう。

一方、過去はイメージで書き換えられます。過去は、信じていることの中にあります。信じることが変われば、過去も変わるわけです。どうしたら過去の自分（インチャ）が幸せになるかを考え、過去の自分の願いを叶えてあげるようなイメージをしましょう。

感情の抑圧とは？

感情の抑圧について考えてみましょう。

30点をとったとき、ワーワー泣いて許しを求めたとしても、母親が許してくれず、許されることを諦めてしまえばそれも、感情の抑圧となります。ですから、感情を抑圧した意識がなくても、最終的に思い通りにならなければ、その感情を抑圧したことになるのです。もちろん、思い通りにならないことを心から納得しているならば、感情を抑圧したことにはなりません。未解決な感情というものが、最終的に感情を抑圧しているのです。

では、どうしたら抑圧した感情を解放できるか？　それは、イメージの中で、インチャの思い通りにしてあげることで達成されます。イメージで、過去を書き換えるのです。

インチャの必要性

感情は苦しみでもあります。激しい感情はそれだけ、苦しみも強くなります。あまりに苦しいと人は死にたくなります。耐えられない苦しみには、感情を抑圧する方向で適応しようとします。今は解決する力がないので、解決を先送りにするわけです。

これは、体の急性病（急性症状）と同じです。体の急性病は感染症も含め、体内の異物・老廃物など不要なものを排出する排出症状です。この急性病が激しく、体が耐えられない場合、慢性化して解決を先延ばしにしますが、生き延びるためには必要なこと。虚弱で体力がない場合、解決を先延ばしにすることは正しいことです。

それは心も同じです。感情は心の急性病（急性症状）であり、目的達成の障害を排出するためのものですが、心の急性病が激しく心が耐えられない場合や、どうしても障害を排出できない場合は、慢性化して解決を先延ばしにします。小さい子どもは心の免疫が弱く、信じやすく傷つきやすく、また、思い通りにする力も、自分を許す愛の力も弱いです。感情を抑圧し、インチャとなるのもしかたありません。その代わり、大人になったらしっかりインチャと向き合い、精神的にも自立することが必要なのです。

そのために、同種の苦しい出来事が生じるのです。インチャがあることを認識し、インチャを許すこと、愛することで救うためにです。再び苦しみに対峙し、愛を大きくできるかが問われているのです。

このように、体の症状も心の症状もありがたいものであるはずなのに、現代医学では、排泄としての体の症状を病気と考え、薬で抑圧しようとします。抑圧すれば、慢性病となりますが、単なる慢性病ではなく、薬の蓋がある複雑な医原病となってしまいます。

心においても、薬に相当するものがあります。道徳・常識などの価値観です。『感情を出すことは恥ずかしいこと』『泣くのは弱虫』『恐がるのは臆病』『怒るのは未熟者』と言って感情を抑圧させる道徳的（人間的）な価値観です。自分の正直な思いを抑圧する価値観で、日本人はその傾向がとても強くあります。

このような価値観が蓋となり、複雑な心の慢性病となってしまいます。道徳的（人間的）なこの世的価値観は山ほどありますが、その中でも感情や正直な思いを抑圧する価値観は、心を分裂させ複雑にする元凶です。もちろん、向精神薬も同じです。

感情の起源と感情の役割① 行動の原動力

この感情、苦しみは何のためにあるのでしょうか？ 考え方として三通りあります。

この世的価値観がある以上、善を目指す意志の流れが生じ、その意志の流れを堰き止める悪（障害）も必ず現れます。

感情＝苦しみは、障害を取り除き目的を達成するための原動力・推進力としての役目をもっています。

もともとの感情の起源は、生き延びるという目的を達成するためのものだと推測しています。すなわち「悲しんで許しを求める」「恐れて逃げる」「怒って戦う」ということです。これは動物や昆虫ももっている感情です。

「悲しんで許しを求める」はわかりにくいかもしれません。動物の場合、自分の方が力が弱いこと・立場が下であることを認め、相手に腹を見せ、抵抗する意志がないことを示すことで許してもらおうとする行動から、観察できるかもしれません。人間であれば、泣いて許しを求めるという行動として観察されます。

生存本能として『生きることは善』という価値観は必要なものです。生存の危機において生じる感情（生存欲）も、障害を克服する行動をもたらすものとして必要です。

このように感情というものは、もともと『生きることは善』という価値観をもった生物が生き残るために障害（生存の危機）を排除する役割があったと考えています。したがって感情とは、もともと行動と直結しているものなのです。感情は、アドレナリンやノルアドレナリンなどのホルモン分泌を刺激し、ホルモンが、迅速かつ力強い行動をもたらします。感情はホルモンを介し、障害を取り除く原動力としてあるのです。感情の正体が凝集した意志、強い願いであることを考えたとき、これは当然のことかもしれません。

ホルモンは、心（感情）と体（行動）を橋渡しする役目があると考えています。「感情＝行動」であり、感情があるとき、そこには必ず感情に伴う行動というものがあるのです。

たとえば、悲しいとき、それは泣いて許しを求めるという行動を伴うはずです。恐いとき、それは逃げて隠れるという行動を伴うはずなのです。逃げる行動の一つとして頑張る・努力することもあります。頑張るということは、未熟な自分・駄目な自分から逃げる行為なのです。怒るとき、相手を打ち負かすという行動を伴うはず。もしそれらの行動が抑圧されたら、感情を抑圧したことと同じなのです。

同様に『愛されることが善』『優れていることが善』『勝つことが善』などのこの世的価

値観を抱えている中で、愛されない、失敗する、敗北といった障害に直面したときに、障害を取り除き目的を達成する、思い通りにする原動力・推進力・行動力として感情が使われています。

この世的価値観をたくさん抱える現代人は、感情を無駄に乱用している状態と言えます。なぜなら「君が愛されなくても勉強ができなくても、自分で働いて稼げる大人の君は死なない」からです。本来、肉体が生き延びるためにある感情が、インチャである自我（この世的価値観）の願いを叶えるために乱用されているということです。

感情の抑圧＝行動の抑圧

感情の抑圧＝行動の抑圧で、行動の抑圧自体が思い通りにならないストレスとなり、大きなインチャとなってしまいます。感情に基づく行動をとることで、たとえ障害を取り除くことができず、思い通りにならなかったとしても、感情に基づく行動を完全に抑圧した場合に比べたら、はるかにましだと言えます。

ちなみに、怒りというのはものすごいエネルギーで、そのエネルギーを抑圧された場合、未消化なものとして存在し続けることになるため、体を蝕んでしまいます。抑圧された怒りほど、体に悪いものはありません。

感情が生じたとき、アドレナリンやノルアドレナリン、コルチゾールなどのホルモンが、行動するために分泌されます。しかし、感情＝行動を完全に抑圧した場合、分泌されたホルモンが消費されないため、ホルモンバランスが崩れ、自律神経失調症など心身に不調をもたらすのではないかと思います。また、使われなかったホルモンは毒となり、体と心を蝕み、鬱になっていくと考えます。実際、鬱の人はコルチゾール濃度が高く、コルチゾールは、脳細胞をどんどん破壊してしまうことが知られています。コルチゾールが増えるのは、扁桃体の興奮を受けた副腎がコルチゾールを作り続けるからですが、副腎がコルチゾールを作り続けるのは、扁桃体が過去の不快な記憶を反芻して興奮するためです。つまり、感情＝行動を抑圧したストレス体験であるインチャがあるために、慢性的なストレス状態が持続し、副腎がコルチゾールを分泌し続けることで脳細胞が破壊され、鬱状態になっていくということです。

感情の役割②　この世的価値観の排出

感情には役割がもう一つあります。それはこの世的価値観の排出です。

子どもがおもちゃを買ってと言い『駄目！』と親から拒否されたとき、その拒否をまずは『嫌だ！』と言って拒否します。これは親が駄目と判断した価値観の拒否です。そのとき親が『わがままは駄目！』と子どもを否定すると、子どもは驚き、疑いの恐れが生じます。それはこの世的価値観への初期感染状態で、ショック状態です。病原体に感染したとき、体がショック状態となり、ぞくぞくした悪寒症状を呈することで病原体を押し出そうとするのと同様、驚き、疑いを晴らすことで、この世的価値観を振り払う原動力とするのです。「びっくりしたー、嘘だよねー、買ってくれるよねー、びっくりさせないでよー」と言うことで『わがままは駄目』という価値観を振り払おうとします。

それでも親から『わがままは駄目！』と強く言われたら、その価値観の侵入を許してしまいます。自分はわがままで駄目な子となりますから、悲しくて泣きます。わがままな自分を許してほしくて泣くのです。もしこのとき親に許してもらえたら、わがままは駄目という価値観を解放できます。ですから、悲しみの感情は、価値観を解放するための排出症状であることがわかります。病原体に感染して侵入を許したとき、高熱を出して病原体を排出しようとするのと同じことです。

感情は障害を排出するためのものと言いました。この場合、『わがままは駄目』という価値観が、最初の障害となります。だから初期の感情、『拒否（嫌だ）』『疑いの恐れ（驚き）』『悲しみ』は、感染した価値観を追い出すための、心の排出症状ととらえられます。

ですから、『拒否（嫌だ）』『疑いの恐れ（驚き）』『悲しみ』の感情を抑圧することで、この世的価値観の排出が難しくなり、魂の慢性病となることがわかるでしょう。

感情の役割③「この世的価値観に感染していますよ」というメッセージ

感情＝苦しみの役割として、もう一つの側面が考えられます。それは、感情、苦しみを「この世的価値観に感染していますよ」というメッセージとしてとらえ、この世的価値観を解放する契機とすることです。

そもそも『勉強できることが善』などのこの世的価値観をもっていなければ、感情も苦しみも生じません。そういう意味では、この世的価値観（魂の病気）が、苦しみの根本原因と言えます。

本当の幸せはこの世的価値観を解放することにあります。そう考えたとき、本当の幸せを手に入れるためには、まず、この世的価値観に感染していると気づく必要があります。感情＝苦しみが生じなければ、この世的価値観に感染していることに気づけません。このことについて少し詳しく解説しましょう。

感情が生じることで自己を知覚できる

価値観をもっている以上、自分の意志の流れがあるはずですが、普段その意志を意識してはいません。

前述した通り、私たちは生存本能をもっています。しかしそれを普段意識して生きている人は、日本においてそれほど多くはないでしょう。もし意識して生きている人がいたとしたら、普段の生活の中で、命の危険と隣り合わせの状況があるということです。

普段『生きることは善』という価値観を意識することなく生きている私たちでも、強盗に包丁を突きつけられたら、否応なく『生き延びたい！』という感情（悲しみ、恐れ、怒り）＝生存欲を感じることができるでしょう。

ちなみに、幼少期「おまえはいらん子、生まれる必要なかった」と母から言われ、生きる気力が薄かった私ですが、母が強盗に刺されるのを目撃し、さらに自分も目の前に包丁を突きつけられ刺されそうになったお陰で、生存本能が呼び覚まされたと思っています。もしこの事件がなかったら、おそらく生きる気力がもてず、とっくの昔に衝動的に自殺してしまっていたと思います。実際、死のうとして包丁を取り出したこともありますが、当時の恐怖が蘇り死ぬことができませんでした。

ちなみに、このときの未解決な恐れは、刺されそうな子どもの自分を完全武装した大人の自分が救い、刺そうとした強盗をやっつけ、土下座させて謝らせるというイメージを繰り返すことで癒され、今はさほど包丁が恐くなくなりました。

意志＝目的＝価値観は自我ではありますが、その自我は、障害がなければ認識できません。障害がなければ、自分の意志を感じることはできないのです。障害により意志の流れが渦となって凝集し、感情（欲）となってはじめて、自分の意志（願い）を自己として知覚できるのです。その感情が心というものの正体です。

このように感情とは、自分自身を知る大きな手がかりとなります。自分とは価値観であり、何を善としたかという部分です。自分が何者かを知りたければ、感情を見つめることです。自分の感情を見つめていけば、自分は何に囚われているのか、何を善としているのかがわかります。その奥にある、自分が本当は何をしたかったのか、自分が本当はどうしてほしかったのかを見つけることもできるでしょう。もともとの願いは単純なもので、七つしかありません。それは、死にたくない、休息したい、快適でいたい、好奇心を満たしたい、大事にされたい、否定されたくない。そして、心の平安（全てを愛したい）です。

心＝感情？

人は、目的や理想（価値観）をもち、目的や理想が現実化していない状況（思い通りにならない状況）を障害と認識することで、思い通りにしたいという思いを推進力として行動します。実際に、思い通りにならない障害に直面しては感情を生じさせ、思い通りにしようとする原動力を得、困難を乗り越えようとします。

結局、心とは思い（凝集した意志）であり、強い思いが急性の感情で、普通の思いが慢性の感情と言えます。

ですから東洋医学でも、「驚き・悲しみ・恐れ・怒り・憂い・喜び」の六大感情に加え、「思い」も感情の一つと考え、「七情」としているのでしょう。しかし、「思い」というのも厳密には、驚き（疑いの恐れ）、恐れ、悲しみ、怒り、憂い、喜びのいずれかに分類できる弱い感情であります。ちなみに私はこの「七情」に加え、「拒否（嫌だ）」や「憎しみ」という感情も、大きな感情であると考えています。

喜びとは？　その1

苦しみとは感情であり、障害があって思い通りにならない状況で、意志の流れが堰き止められ凝集した強い願い（思い通りにしたいという強い欲）であると言いました。

一方、喜びとは、障害がなくなり思い通りになることで、凝集した意志が一気に流れ出したときに生じる開放感、安堵感のことです。つまり、苦しみがあるから喜びもあるわけです。

たとえば夫が浮気すると、浮気相手が障害となり愛されたい・優れたい・勝りたいという意志の流れが堰き止められ凝集し、悲しみ、恐れ、怒りの感情が生じ苦しみます。しかし、浮気相手がいなくなれば、凝集した意志が解放され、喜びを感じます。

感情が抑圧された意志だとすると、喜びは感情ではなく、感情と正反対のものであることがわかると思います。

すなわち喜びとは、苦しみ（感情）と対をなすもので、苦しみの解放（感情の解放）のことです。便秘になってうんこが1週間もでていない人が、うんこが出たときほっとするように、詰まっていたものが流れ出す感覚が喜びというわけです。

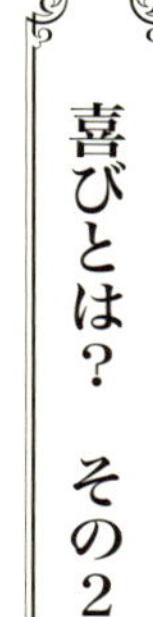

喜びとは？　その2

凝集した意志が流れ出すのは障害がなくなるときですが、障害がなくならなくても凝集した意志が流れ出す場合があります。

それは、障害を障害と見なさないことです。障害を受け入れることで凝集した意志は解放され、目的達成に向けて再び流れ出します。このときも喜びの感情が生じます。それは障害が取り除かれたときに生じる喜びの感情よりも、より大きな喜びとなります。なぜなら、気づきがあって、愛が大きくなったときだけだからです。

障害が障害となっているのは、障害を障害と見なす（障害を否定する）この世的価値観があるからです。障害を受け入れ、許すということは、障害を障害と見なすこの世的価値観を一つ解放したということです。受け入れ、許すことが愛ですから、愛が大きくなった

ということです。

私たちの魂の真の目的は全てを愛することです。魂を穢しているこの世的価値観が解放される度に、私たちの魂は自由を取り戻すことができ、魂本来の目的に向かうエネルギーを取り戻し、魂の意志の流れは強くなります。魂の意志の流れが強くなる分、喜びの感情も大きくなるというわけです。

たとえば、夫に浮気相手ができたとき、浮気相手に嫉妬し苦しみます。しかしその苦しみに耐え、その苦しみがインチャにあると考え、あえてその苦しみに共感し感じるようにしていると、嫉妬の大元の感情がわかってきます。それは過去の、妹への嫉妬だったりします。

ある日突然自分がお姉ちゃんになり、甘えることが許されなくなったときの感情と、同じであることに気づきます。妹ばかりがかわいがられ、自分は邪険にされた、妹に嫉妬していたときの感情です。そして、お母さんが喜ぶ良い子を演じるために我慢し、未解決な欲となって今、夫の浮気相手に妹を投影し、打ち負かしたいという気持ちになっていることに気づきます。そして、インチャ癒しのために、妹を打ち負かし、自分が親の愛情を独占しているイメージをして怒りを解放します。

次に、自分は妹に敗北した事実を認め、受け入れ、そんな自分（愛される価値がないと思っている自分）を許し愛することができれば、インチャは癒され、親に愛されたいという思いが減り、心が楽になっていきます。自分のインチャに気づかせてくれた夫の浮気相手にも、心から感謝の気持ちがわき上がってくるでしょう。夫の浮気相手をも受け入れることができれば、夫に愛されたいという願いは、浮気相手がいるにもかかわらず流れていきます。そのとき、自分の中にある未熟な部分を見つめ、夫に愛されるためによりよい自分になろうとします。夫に愛されたい意志の流れはどんどん流れ、現実を動かしていきます。

もしこのとき浮気相手に嫉妬し、夫に別れるよう脅迫したら、確かに夫は別れてくれるかもしれませんが、一時的な解消にすぎません。親に愛されたいインチャが癒されない限り、運命はいずれ、そのインチャに気づかせようと再び、愛されない事件を用意することになります。

浮気する夫の方が悪いと夫を責めたくなる気持ちはわかりますが、夫に原因があると考えている限り、根本的な解決はしないのです。運命というものは、運命を受け入れてこそ変えることができるのです。運命を否定している限り、苦しい運命はその人に付きまといます。それは苦しんでいるインチャがいることに気づかせ、救うためです。そして、苦しんでいるインチャを救うためには同種の苦しみが必要だからです。だから私は、人生は同種療法（ホメオパシー）だと言うのです。「その症状を引き起こすものが、その症状をとっていく」という同種の法則は、そのまま心にも適用できるのです。すなわち、「その感情を引き起こすものが、その感情（インチャ）をとっていく」ということです。

一見障害と思える出来事を受け入れることで、どんどん夫に愛されるようになるのです。

インチャを癒せば無心になれる

心の大部分は弱い感情である普通の思い、インチャの慢性化した思いです。抑圧した感情を解放していくことで、心はどんどん減っていきます。ただし、この世的価値観をもっている限り、障害は現れ、新たな感情（心）が生じます。抑圧した感情の解放と共に、この世的価値観も解放していくことで、感情も生じなくなっていきます。そして最後は無心となります。この世的価値観をもっていたとしても、願いを純粋化させ霊的価値観に変えていくことができたら、障害はなくなり、やがて無心となります。

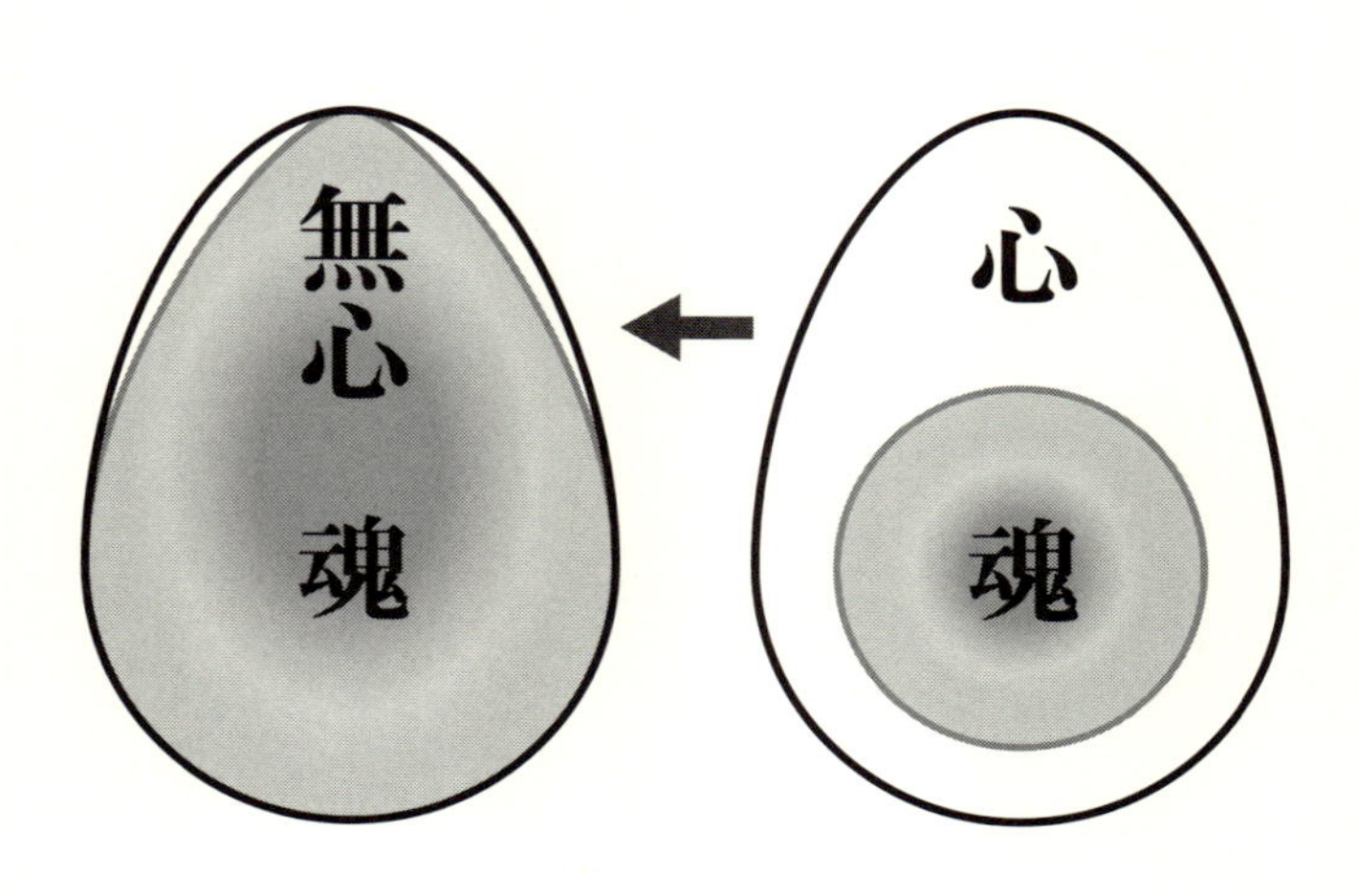

無為自然

「感情＝行動」とは言ったものの、感情のほとんどはインチャです。行動はほぼインチャの欲から生じていることになります。

インチャからの行為は、正しい行為とはなりません。なぜなら、子どもの頃のインチャが、自分の満たされなかった欲を満たそうとして行動するので、大人の行動ができないからです。

この世的価値観を抱えている限り、感情（欲）からの行動となってしまうため、純粋な意志に基づく行為は不可能なのです。霊的価値観となってはじめて、欲（インチャ）が消失し、純粋な願いから生じる行為となるのです。これを「無為」といいます。対する「有為」とは、インチャ（欲＝感情＝心）からの行為であり、この世的価値観（自我）から生じる行為のことです。これが私たちの通常の行為です。私たちは、意識的・無意識的にかかわらず、インチャ（欲）から行動しているのです。

一方、無為とは純粋な意志（願い）からの行為、無心からの行為であり、霊的価値観（真我）から生じる行為のことです。

霊的価値観を生きるとき、インチャはなく、純粋な願いと行為が一体となります。霊的価値観が心を介さず、直接行為と結び付きます。これが無為であり、自然な生き方そのものです。そして、無為において願いは実現します。

食欲、性欲、睡眠欲、生存欲などの本能的な生存のための欲も、突き詰めればインチャに由来する欲になります。この願いを純粋化させることは、マヤズムの価値観と同様、不可能ではないものの、相当難しいと思います。ただし本能化していないインチャの欲であれば、解決は可能です。たとえば、必要以上に食べてしまうとき、胃は淋しさを感じる臓器ですので、淋しさを感じないよう満腹になるまで食べたいインチャがいたりします。あるいは、親からのスキンシップが足りなかったがために、大人になって常にスキンシップを求め、セックスに耽る人もいます。このように、インチャからの欲であれば、インチャの願いが満たされれば、解消されることでしょう。

幸せとは何か？　幸せ＝感謝＝本当の心

障害に遭遇し、意志が凝集しなければ、自分の意志を感じることはできないと言いました。しかし一度障害に遭遇し、思い通りにならない経験、苦しみを経験すると、苦しみのない状態、すなわち障害がない状態でも、自分の意志を感じられるようになります。それは、苦しみの経験がないとわからないものです。

苦しみのない状態、障害がない状態というのは、意志がよどみなく流れている状態です。願いが満たされた状態とも言えます。このとき感じるものが幸福感です。幸せとは、意志の流れがよどみなく流れていると感じること。ですから幸せは感情ではないし、喜びとも違うのです。

意志の流れを感じる力は、経験した苦しみの程度に比例します。断食をすれば、断食直後の食事は、食べたい願いが叶い、喜びを感じるのは当たり前ですが、その後もふとしたときに、食べられるという願いが叶っていると感じ、幸福感、感謝の心、ありがたいと思う気持ちが出てくるでしょう。死にそうな目にあった人は、生きていることに幸せ、感謝の気持ちが出てくるでしょう。生きていること、食べるものがあること、寝る家があるこ

障害がなくても意志の流れを感じられる＝幸せ

と、当たり前にあることの中に幸せがあることがだんだんわかってきます。それらは、苦しみを経験していないと、なかなか気づけないものなのです。

喜びは、障害がなくなり（願いが叶い）凝集した意志が一気に流れるときに感じるものでした。幸せとは、意志がよどみなく流れているときに感じるもの。苦しみ（障害）のない状態でこそ、感じられるものなのです。

幸せは喜びの静かな形と言えるかもしれませんが、喜びがその性質上、必ず一時的なものであるのに対し、幸せは持続的なものです。願いが叶っていることに意識を向ければ、いつでもそこに幸せがあるのです。多くの苦しみを経験した人はそれだけ、幸せを感じる力も強いということです。

結局、心とは意志の流れのことであり、その意志が滞りなく流れているとき心は健康で、感謝の心、ありがたいと思う心、人や物を尊敬できる心、幸福感こそが、健康な心なのです。そして意志の流れが滞っているとき、すなわち、感情が病気の心なのです。

インチャ癒しが進めば、願いがだんだん純粋なものとなり、意志の流れる量が増大していきます。それにつれて幸福感も増大します。願いが完全に純粋なものとなったとき、願いを邪魔するものはなくなり、意志はゴーゴーと流れます。そのとき、幸せは喜び以上の至福となるでしょう。しかも、その至福が減ることはありません。神仏という存在が、この至福の中で生きていることが想像できます。自分が万物を愛することの中に幸せを感じ、自分が創造主から愛されていることの中に幸せを感じ、その至福の中で感謝をもって生きられるのです。

私たちは、『愛することは善』という霊的価値観をもっていると言いました。インチャを癒しこの世的価値観を解放していくことで、愛せる範囲が大きくなり、それだけ幸せ（心の平安）が大きくなります。そこに自分の本当の願いがあることもわかってきます。すると、自分の願いが満たされているのを、心の平安を感じられるようになってきます。

春のある日、縁側でひなたぼっこをしている中に、幸せはあるのです。大自然の中にいるとき、畑にいるとき、ギラギラ輝く暑い太陽に照らされているとき、願いが満杯に満たされているのです。その中に、生きている幸せ、生かされている幸せ、自分が万物を愛する幸せ、神に愛される幸せ、心が平安である幸せを感じ、満杯に満たされるのです。

『愛することは善』という霊的価値観は『幸せ・心の平安は善』と同じもの。

インチャがいる限り、満たされない思いがあり、どんなに現在は障害がないとしても、満杯に満たされることはありません。テストで30点をとって悲しんでいるインチャ、恐れているインチャがいる限り、100点をとって喜びの感情はあれど幸せではありません。本当の安心感は得られないのです。

幸せは努力して手に入れるものではありません。自分の中にあるのです。もがき苦しみ、のたうちまわり、そうして最低の自分を認め、受け入れ、許し、愛することで、自分の本当の願いが明らかになります。願いが叶っていることを知り、満杯となって、感謝が溢れ出てくるものなのです。

好奇心

好奇心とは経験したい、体験したい、知りたいという思いで、『したいことをするのが善』という本能的価値観から生じる意志の流れです。純粋な好奇心も、障害がなく感じることのできる意志の流れです。私が観察する限り、この価値観は全ての生物がもっているようです。人間の場合、このしたいことをするという当たり前のことが、幼少期にことごとく否定され、抑圧される運命にあります。土いじりをしたくても駄目と言われ、遊んでいたくても駄目と言われ、テレビを観たくても駄目と言われ、大きくなって絵や音楽をやりたいと言っても金にならないから駄目と言われます。そうして好奇心は抑圧されインチャとなり、楽しみを求めてさまようようになります。このインチャを思い出し、インチャの願いをイメージの中で叶えることで、純粋な好奇心を取り戻すことができます。

したいことをしているとき、意志の流れを感じ、願いが叶っていることを実感できるでしょう。その心が好奇心であり、わくわく感というものです。わくわく感は、したいことをしているときの意志の流れを感じているのです。ですから、わくわく感の中に、自分の本当の願い、自分が本当にしたかったことがあるのです。

しかし、いくら好奇心があっても、常識的・道徳的に恥ずかしいことだと信じる良い子インチャ、能力的に自分には無理と信じる優秀インチャ、容姿的に自分が表に出るべきではないと信じる見た目が良い子インチャがいる場合、実行できず、したいインチャを作ることになります。過去の笑われた出来事、失敗した出来事、否定された出来事などを思い出し、優れたい・勝りたいインチャを癒していく必要があります。

一方、自分に選択権がなく、どうにもならないこともあります。このような、どうにもならない障害があってしたいことができないとしても、私たちの魂はもともと、何でも体験したい、経験したいと思っていますから、したいことができないという経験をしていると考えることもできます。したいことができない経験を受け入れたとき『したいことをするのが善、だけどできなくてもいい』という霊的価値観に移行し、全ての障害は消え去ります。すると、願いが満杯に満たされていることを感じることができるでしょう。生きていること、それ自体が経験であり体験なのです。苦しいこと辛いこと、嫌なこと、思い通りにならないこと、その全てが経験であり、体験なのです。この気づきが得られたならば、障害は消え去り、意志は滞りなく流れはじめ、幸せを感じ、感謝を感じるでしょう。

第3章　体

体の急性病と慢性病

感情は、障害を取り除くための行動を生み出す原動力の役目があると言いました。実際は、感情（心）と体はダイレクトに繋がっているわけではなく、チャクラと呼ばれる霊的器官と内分泌器官を介して繋がっています。

すなわち、感情はチャクラと呼ばれるアストラル体器官（感情体器官）を通して、肉体の内分泌器官に情報を渡し、ホルモンという形で物質化します。ホルモンは体を感情(意志)通りに動かす原動力となります。つまりホルモンは、心と体を繋ぐ役目をもっています。

具体的には、感情が生じるとき、行動力、瞬発力を得られるよう、アドレナリンやノルアドレナリンが分泌されるわけです。アドレナリンやノルアドレナリンが分泌されると、血管が収縮し血流が悪くなり、筋肉も収縮し硬くなり、食欲がなくなります。この状態は交感神経優位の状態で、ストレス状態です。思い通りにならない状況で、思い通りにしようとして生じる悲しみ、恐れ、怒りの感情がストレス状態であり、体の急性病とも言えるでしょう。

感情を抑圧することは、その感情が未解決なものとして存在し続けること。つまり、ストレスが持続するということです。慢性的な交感神経優位の状態になり、慢性的な血液の流れの停滞、慢性的な筋肉の緊張状態が持続してしまいます。血流が滞ると活性酸素が大量に発生し、遺伝子を傷つけ、過酸化脂質という老化物質を作り出すため、癌などになりやすくなります。

急性のストレス時は、前にも書いた通り、アドレナリンやノルアドレナリンが分泌されますが、慢性のストレス時は、副腎からコルチゾールが分泌されます。このコルチゾールが長期間分泌され続けると、副腎に負担がかかります。すると、副腎は休む暇なくコルチゾールを出し続けて副腎疲労になってしまいます。副腎疲労は免疫力が低下するため、感染症に罹りやすくなります。そもそも、コルチゾールは抗炎症作用があるため、異物の体内への侵入もしやすく、アレルギーになりやすくさせるのではないかと考えています。また、セロトニンやメラトニンという、リラックスするには欠かせないホルモンの分泌が抑制され、鬱になりやすくなります。

感情は、行動するためのホルモンを分泌させます。しかし行動が抑圧された場合、そのホルモンは使用されず、ホルモンバランスを崩し、自律神経失調症を引き起こします。

このようにして、感情の抑圧は体の不調を引き起こします。体の健康を取り戻すには、未解決な行動を実行することです。実際に行動しなくても、あくまでイメージで行動すればいいのです。怒りであれば「このやろう！」と言って、イメージで相手に怒りをぶつけましょう。恐れであれば「恐いよー、恐いよー」と正直に恐れの感情を伝え、イメージで恐いことから逃げる行動をとるのです。悲しみであれば「えーん、えーん」と思い切り泣くことです。ちなみに涙はストレスホルモンの一つ、コルチゾールを体外に排出する働きがあることが知られています。泣けることとは素晴らしいことですね。

また、ストレスは腸内環境を変え、腸内発酵が腐敗の方向に傾いてしまいます。腸内腐敗は老廃物を生成します。腸内は免疫の大きな部分を担っているため、ストレスによる腸内環境の変化は、免疫の著しい低下をも招きます。

このような慢性的な交感神経優位の状態が続くと、老廃物が蓄積し、ある一定以上老廃物が蓄積すると､自己治癒力が働いて熱が出たり､下痢をしたり､皮膚発疹が出たりします。あるいは自然の力を借りて、このような浄化が起こります。それが感染症です。

病原体はあなたを病気にさせるためにあるのではなく、あなたのいらないものを外に排泄するため、きっかけを与えてくれるものなのです。排泄としての症状も、体の急性病と言えるでしょう。

ところが、この浄化のためのありがたい排泄症状、発熱、咳、痰、下痢、発疹などを解熱剤、気管支拡張剤、去痰剤、下痢止め、ステロイド軟膏などの薬で抑圧してしまったらどうなるでしょうか? 浄化の機会は失われ、老廃物、異物は体内に留まり続け、臓器や組織の機能が正常に機能しなくなってきます。これが体の慢性病です。こうなると、臓器の機能不全による症状が生じてきます。肝硬変や腎不全などです。

このような、臓器の機能低下からくる症状に対しては、通常使うレメディーとは違い、物質を含む、臓器サポートレメディーと呼ばれるマザーチンクチャー(薬草などのエキスをアルコールで抽出したもの)や、低ポーテンシーのレメディーを使うのが有効です。肉体レベルの病気を治療するためには、物質的な力も必要とするからです。

第1部のまとめ

この世的価値観が魂に感染し、魂が病気となると、遅かれ早かれ、感情という心の病気が発症します。感情をきちんと処理しないことで、体の急性病が生じ、体の急性病をきちんと対処しないことで、体の慢性病となってしまうことを説明しました。

人間は魂―心―体からなる三位一体の存在です。体の病気だからといって体の治療ばかりしても、それは対症療法でしかないこと、そして、心と魂の病気を癒すインチャ癒しがとても重要であることが理解していただけたと思います。

ただし、体は呼吸や食事を通して体を維持していますから、食べ物、飲み物、空気というものの影響をダイレクトに受けてしまいます。千島学説の通り、食べたものが赤血球になり、赤血球が細胞になり体を作っています。文字通り、食べたものが体を作っているのです。ですから、何を食べるかというのは、本当に大事なことなのです。

また、心が安らかでなければ、たとえば悲しみながら、恐れながら、怒りながら食べれば、どんなによい食べ物を食べたとしても、体に悪い食べ物となってしまいます。食べるものは重要ですが、それ以上に大事なことは、心の安定なのです。

体は魂の乗り船。心を介し、魂の状態が体に反映されるようにできています。体が病気であれば、心も病気であり、魂も病気なのです。食べ物で体が病気になっているとしても、自然ではないものを作り、食べること自体がすでに、魂が病んでいる反映だったりするのです。

■付録1　インナーチャイルドセラピスト養成コース講義録

なぜ辛い出来事が生じるのか？　それはあなたが自分の未熟さ、自分の駄目さを認めていないからだよ。あなたは否定されたときに、恐れや怒りに逃げたはず。だから今度は勇気をもって、自分の弱さを認めることができるように、もう一度チャンスを与えてくれるんだよ。「おまえは駄目なんだよ、そこから逃げているよ」って教えてくれるために、同種の辛く苦しい出来事が起こるんだよ。

恐いとき、怒りが出てくるとき、そのときは、ありったけの勇気を振り絞って自分の未熟さを認めていかなければならない。そして悲しみに戻りワーワー泣かなければならない。そして自分の未熟さを許してもらわなければならない。

これが全てだ。

相手に否定されるのは本当に恐い。自分は駄目だと認めるのは本当に恐い。だけど、戦うことをやめて、相手が正しいとし、自分の未熟さを認めていかない限りは、悲しみに戻ることはできない。悲しみに戻ることができなければ許されることもなく、許されなければ価値観を緩めていくこともできないのだよ。

だから、対抗価値観やプライドで戦うことをやめること。戦うことをやめるために、降参すること、負けること。実際あなたは未熟で駄目駄目人間だったのだから。

それは、この私が保証する。あなたは駄目だった。間違いない。

そしてあなたは、価値ある人間になろうと努力することを止めること。諦めること。どんなに頑張っても、あなたは価値ある人間になどなれない。実際あなたは未熟で駄目駄目で頼りない人間だったのだから。頑張ってどうこうできる問題ではないのだよ。それはこの私が保証する。

なぜなら、自分は駄目であると信じ切っている自分を隠しているから。その駄目な自分がいる限り、どんなに頑張っても安心などできるわけがないし、どんなに戦っても、いつか負けるときがくる。だってあなたは本当に駄目だから。本当に自分は駄目だと信じているから。心の奥深く、自分は駄目だと信じているから。

だから、自分は駄目だと信じている自分を表に出さないことには、解決しないよね。自分が駄目だと信じている自分を表に出すには、自分の未熟さ、駄目さ加減を明らかにしてくれる出来事が必要なのだよ。

誰かがあなたを駄目だと否定する。そうすると、自分は駄目だと思っている自分と共鳴する。不安になる。そしてさらに頑張って、不安を感じないようにするか、怒って相手を否定することで安心を得ようとする。

恐れて頑張るにせよ、怒りで戦うにせよ、この世的価値観（愛される条件）に縛られているからこそ生じる感情なんだ。

唯一、この世的価値観を解放していける感情が悲しみ。それは許されるための感情だから。

本当の勝利者は、この世的価値観を超えていく者のこと。そのためには、この世的価値観で敗北しなければならない。

だから誰かに否定されたら、「その通り」と、自分の駄目さ、未熟さを認めなければならない。

この世的価値観で敗北せず、どうやってこの世的価値観を超えていくことができるだろうか？　無理だ。もしあなたがこの世的価値観を全面的に超えていきたいと思ったら、この世的価値観で全面的に敗北しなければならない。それはこの世的価値観で最低の人間になるということなんだよ。

■付録2　マヤズムとインチャ

腸内細菌マヤズム（死にたくないインチャ）

全ての生物は『死ぬことは悪』（死にたくない）という価値観をもっています。この価値観がなければ、死を避けようとする衝動は生まれず、生物はすぐに絶滅してしまいます。

死にたくないという意志の流れが堰き止められて生じる感情、死の恐怖が抑圧され、未解決な感情（インチャ）となると、死の恐怖を未来に投影し、今現在、死の危機がないのに死を恐れるようになってしまいます。生物は本来、今の瞬間に生きており、過去も未来もありません。しかし、インチャが形成されることで、過去にとらわれ、未来を恐れるようになってしまうのです。

この最初の「死にたくないインチャ」「生き続けたいインチャ」が本能化したものが腸内細菌マヤズムで、マヤズムの根源であると考えています。一部の昆虫や動物には、腸内細菌が存在しないことが知られています。恐らくその昆虫や動物は腸内細菌マヤズムをもっておらず、生き続けたいという欲をもっていないと推察しています。未来の死への恐れがなく、きわめて平安ななかで今を、一瞬一瞬を生きていることが想像されます。

癩病マヤズム（休みたいインチャ）

一方で、全ての生物は『休息することが善』（休みたい）という価値観をもっています。生物はもともと『死ぬことは悪』という価値観をもち、逃げたり、食べるために活動します。活動させるために、死にたくないという価値観が付与されたと考えられます。しかし、休むことなく活動し続けたとしたら、いずれは生きることに疲れ、生きることが嫌になって自滅していたでしょう。だから全ての生物に『休息することが善』という価値観が付与されていると考えます。そのお陰で、疲れたら休みたいという衝動が生じ、休息をとるのです。眠りたいという睡眠欲も、休みたいという願いの一つ。「休みたい」の究極は「死にたい」です。生物は十分生きたのちに、死にたいと思うようになっているのかもしれません。

休みたいという意志の流れが堰き止められると「休みたいインチャ」という拒否の感情が生じます。この感情が抑圧されると「嫌だ、休みたい」が形成され、すぐに「嫌だ、休みたい」「嫌だ、やりたくない」「嫌だ、何もしたくない」という怠惰な心が生じるようになってしまいます。この「休みたいインチャ」「やりたくないインチャ」「何もしたくないインチャ」が本能化したものが癩病マヤズムです。

疥癬マヤズム①（快適でいたいインチャ）

もともと生物の活動の原点は『死にたくない』という、死を回避するための逃避行動とエネルギー補充（捕食など）の行動しかなかったと思われます。しかし、進化の過程で、死のリスクが少ない状態＝生きるのに安全で食料が豊富な環境を快適と感じるようになり、『快適は善』という価値観を獲得し、快適と感じる環境を求めて、自分の意志で積極的に行動するようになったと考えられます。そして、快適な環境が得られないとき、「嫌だ」という拒否の感情が生じ、その感情を抑圧することで「嫌だ、快適でいたいインチャ」が形成され、すぐに、「快適じゃなきゃ嫌だ」「苦しいのは嫌だ」「安全じゃなきゃ嫌だ」「食料が十分なきゃ嫌だ」という忍耐のない、わがままな心が生じるようになります。この不快な状態を拒否し、快適な状態を求めるインチャが本能化したものが疥癬マヤズム①です。

疥癬マヤズム②（好きなことをしたいインチャ）

快適な環境を得るには、活動し、経験し、学習することが必要です。このとき獲得した価値観が『活動・経験・学習することが善』です。この価値観から好奇心という意志の流れが生じることになります。そして、好奇心が堰き止められることで「嫌だ、活動・経験・

学習したい」という拒否の感情が生じ、その感情を抑圧することで「嫌だ、好きなことをしたいインチャ」が形成され、すぐに「嫌だ、好きなことをしたい」「嫌だ、したい」という落ち着きのない、わがままな心が生じるようになってしまいます。このインチャが本能化したものが疥癬マヤズム②です。

人類は快適な環境を求めて活動・経験・学習する代わりに、その場に留まり、道具を使って環境を快適にするために、活動・経験・学習するようになりました。好奇心も同じです。こうして文明が発達し、現代、エアコンのスイッチを押すだけで快適に暮らすことができるようになったのです。

疥癬マヤズム③（してほしいインチャ）

人の胎児・赤ん坊は、無条件に世話をされる・大事にされる存在で、『世話されることが善』『大事にされることが善』という価値観を生きています。胎児や赤ん坊にとって、無条件に世話をされ、大事にされることが快適な環境であり、その環境が得られなければ死んでしまうからです。無条件に世話をされ、大事にされないことで「嫌だ」という拒否の感情が生じ、その感情を抑圧することで大事にしてほしいインチャが形成され、すぐに「嫌だ、世話して」「嫌だ、大事にして」「嫌だ、してほしい」「嫌だ、自分でしたくない」という依存心が生じるようになってしまいます。このインチャが本能化したものが、疥癬マヤズム③です。

疥癬マヤズム④（無条件に愛されたいインチャ）

子どもが「嫌だ、したい」とか「嫌だ、してほしい」と拒否したとき、親が『わがままは駄目』などのこの世的価値観（条件付きの愛）で子どもを否定すると、『無条件に愛されることは善』という胎児・赤ん坊・幼児が本能的にもっている価値観から生じる意志の流れが堰き止められて、「自分は愛される価値がないのでは？」「自分は駄目なのでは？」という疑いの恐れ（驚き）の感情が生じます。その感情を抑圧することで、「無条件に愛されたいインチャ」「否定されたくないインチャ」が形成されます。このインチャが本能化したものが、疥癬マヤズム④です。自分の価値への疑いの恐れを払拭するために、無条件に許されること、どんな自分でも否定されないことを求めるのです。根本にこうした自分への疑いがあるために、人は、否定されることに異常に弱く、この世的価値観で否定されると簡単にその価値観を信じ、同時に、自分は駄目だと確信するようになってしまうのです。

淋病マヤズム①（駄目な自分を許してほしい悲しみのインチャ）

疑いを払拭するために、無条件に愛されることを求めますが、わがままを許してもらえずにショックを受けます。『条件付きで愛されることは善』から生じる「駄目な自分を愛してほしい」という悲しみのインチャ（淋病マヤズム①）が目覚め、泣いて駄目な自分を許してもらおうとします。だから子どもはよく泣きます。

淋病マヤズム②（優れたい恐れのインチャ）

泣いても許してもらえずにショックを受け、『優れていることが善』から生じる「優れた子になって褒められたい」という恐れのインチャ（淋病マヤズム②）が目覚めます。親から褒められたくて、頑張って優れた子になりたいと思うようになるのです。

淋病マヤズム③（勝りたい恐れのインチャ）

優れていることの一つとして、『より優れていることが善』＝『勝っていることが善』という価値観があります。兄弟間など比較されることで、『勝っていることが善』から生じる「勝ってる子になって褒められたい」という恐れのインチャ（淋病マヤズム③）が目覚め、親から褒められたくて、頑張って勝ってる子になりたいと思うようになります。

淋病マヤズム②・③が目覚めることで、執拗に評価や勝敗を気にし、頑張るようになります。評価や勝利を得るためになら、不正や嘘、ごまかしも平気です。地位・名声・お金などを十分に得ていても満足せず、もっともっとと求めてしまいます。


結核マヤズム①（負けたくない恐れのインチャ）

競争で負けることでショックを受けます。『競争しないことが善』から生じる「負けたくない」という恐れのインチャ（結核マヤズム①）が目覚め、競争から回避しようとします。競争しなければ、負けることもないからです。

『平等であることが善』『差別してはいけない』などの価値観に感染し、競争を避けようとします。あるいは、競い合う必要がないところで一番になろうとします。だから、人がやらないようなことをします。

梅毒マヤズム（戦いたい怒りのインチャ）

親から褒めてもらえないことや、競争に負けることでショックを受け、『戦うことは善』から生じる「戦って相手を打ち負かしたい」という怒りのインチャ（梅毒マヤズム）が目覚めます。『優れていることは善』を否定するための対抗価値観（『優れていなくていい』『私は大事にされるべき』など）や、自己正当化のための価値観（『親が悪い』『世間が間違っている』『自分は正しい』など）、また、大義名分・言い訳・被害者意識などの価値観に簡単に感染し（信じ）、自己を正当化し始めます。自分が頑張って優れようとするのではなく、相手を否定することで勝とうとするのです。相手を否定する究極が、相手を殺すということですから、相手を殺したくなることもあります。

また、プライドの価値観（『自分はすごい子』『自分は特別な子』など）で自分を高みに上げ、現実を見ずに理想論を唱え、戦う場合もあります。

結核マヤズム②（負けたくない怒りのインチャ）

戦いに敗れるとショックを受け、『戦わないことは善』から生じる「戦いたくない」というインチャ（結核マヤズム②）が目覚め、戦うことから逃げるようになります。これは、負けたくないがために、戦いを避けるのです。戦っても勝てない、かといって負けたくもない。だから負けないために、戦わないための言い訳、大義名分の価値観を作り出し生きるようになるのです。『戦うことは悪』『争うことは悪』などの平和主義になったり、現実逃避し、地に足のつかない理想主義になったりします。

癌マヤズム（負けるしかない無力感のインチャ）

負けないために戦うことを否定しますが、それでも攻撃された場合は、完全に負けるほかなくなります。負ければショックを受け、『負けることは善』から生じる「負けるしかない」という敗北感・無力感のインチャ（癌マヤズム）が目覚め、戦わず、逃げることからも逃げるようになります。すなわち、負けを認めるようになるということです。ただし、本当に負けを認めているわけではなく、負けたくないけど負けるしかないため『負けることは善』という価値観に逃げて、負けることにしたのです。本当は戦いに勝利したいけれど、負けたことにする。本当は競争に勝ちたいけれど負けたことにする。負けることはいいことだと自分に言いきかせ、争わない、競争しないことを頑張るようになるのです。

第2部　感情と価値観（インチャ）の階層構造と変遷

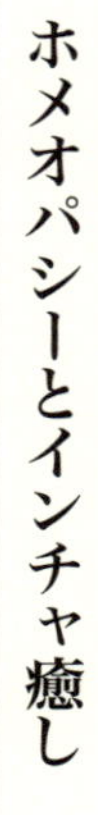

ホメオパシーとインチャ癒し

私は英国でホメオパス（ホメオパシー療法家）となり、日本でホメオパスとして活動して、今年で21年目になります。そのホメオパスである私が、なぜインチャ癒しに力を入れるのかと質問されることがあります。ここで簡単に私自身の紹介も含め、お話したいと思います。

私は、ホメオパシー治療によって辛い潰瘍性大腸炎が治癒した体験があります。ホメオパシー治療の根幹であるレメディー（エーテル体やアストラル体に作用させるため、原物質を超高度に希釈振盪して作られる）の刺激により自己治癒力が触発され、急性症状（高熱と体の痛み）を出して、潰瘍性大腸炎は治癒していきました。

この高熱と体の痛みは、26歳のときのインフルエンザの急性症状で、薬で抑圧したために未解決となっていたものです。

同時に、当時抑圧していた怒りや悲しみの感情もどっと出て辛かったのですが、怒って泣いてを繰り返す中で、心が軽くなるのを実感しました。体だけではなく、心が生き生きとしてきたのです。この体験は私を大きく変えました。

体の症状も心の症状（感情）も未解決なものは浮上しなければ、流して浄化することもできません。ホメオパシーは自己治癒力を刺激し、未解決な問題を浮上させ浄化し、自分本来の命を取り戻すための治療法であることを覚りました。

それから私は、英国のホメオパシーの学校に5年間通い、英国ホメオパシー医学協会の認定ホメオパスとなった後、英国でホメオパシークリニックを開業し活動していましたが、活動の幅を日本にも広げたところ、すぐに、私一人では対応できなくなりました。日本でも、ホメオパシー治療を望む患者さんがたくさんいたのです。そのため、日本でホメオパスを育てるロイヤル・アカデミー・オブ・ホメオパシー（RAH）を13年間運営し、５００名以上のホメオパスを輩出しました。

そして２０１０年、ホメオパシーの限界を突破するために、カレッジ・オブ・ホリスティック・ホメオパシー（ＣＨｈｏｍ　シーエイチホム）を設立しました。ホメオパシーの原点（ハーネマンの原典）に立ち返り、それを土台とし、現代の難病にも適応できるＺＥＮホメオパシーを教えるためのスクールです。私が感じていたホメオパシーの限界とは、患者さんの病気が治癒しても、数年後には再発して戻ってくるケースが少なからずあったということ、難病の患者さんが治癒しないケースが多かったということです。

その中でわかったことは、現在、世界中で行われているホメオパシーの多くは、ハーネマンの教えをベースにしていないこと、そして病気治療には、インチャ癒しの教育が必要不可欠であるということです。

私は小さい頃『頑張らない者は駄目』と親から常に教え込まれていたために、大人になってからもその価値観で、体がボロボロになるまで働きました。体が辛いときも薬をとって頑張り、心が辛いときも弱音を吐かず泣くこともせず頑張り、自分を大事にしてあげなかった結果、ついに潰瘍性大腸炎になったのです。

私は、ホメオパシーで潰瘍性大腸炎を治していただいたことをきっかけに、自分自身の生き方、考え方の間違いに気づき、心の問題の根源であるインチャの癒し（感情の解放と価値観の解放）に取り組み始めました。

これまで、母に愛されたい一心で、優秀になろうと頑張ってきたインチャに気づき、他者に母を投影し、悲しみ、恐れ、怒っていたことに気づきました。そして、母への未解決な感情を一つ一つ解放していく作業を、長い間やってきました。

母に何度か殺されかけた経験のある私にとって、この作業は本当に辛く苦しいものでした。25年経った今も継続してやっています。

第1部第2章で図解した通り、感情というものは、思い通りにならない状況で生じる強い願いであり、欲であり、苦しみであり、ストレスです。

そして、ストレスが体の病気を作り出しています。思い通りにならないとき感情が生じるように、感情自体、ストレスがある証拠ですが、感情に基づく行動（障害物を取り除こうとする行為）により、たとえ思い通りにならなくてもストレスは軽減します。ところが、感情に基づく行動をしなければ、ストレスは最大になります。

体の症状を薬で抑圧すると医原病が生じるように、心の症状である感情を道徳や常識で抑圧することで、心の慢性病が形成され、心の病気が体の病気を作るという構図があるのです。

感情を生じさせる大元は価値観です。私は『おまえはいらん子なのに生まれてきた』『女は駄目だ』『頑張らない者は駄目だ』『貧乏は駄目だ』などの母の価値観を生き、自分を貶める生き方をしていましたが、自分自身を生き抜くために、母の価値観を解放していく作業をしました。

これらは、一筋縄ではいきませんでしたが、駄目な自分を認め、受け入れ、許し、愛することを繰り返しやっていく中で、徐々に価値観を緩めることができました。

結局、感情が生じるような出来事、嫌な出来事、辛く苦しい出来事、それらを辛く苦しいものとしているのは、自分自身の心（インチャ）であり、自分自身の心を映す鏡として、感情を生じさせる出来事が生じるのだとわかりました。

人生（運命）そのものが、ホメオパシー治療（同種療法）だったのです。母から愛されず苦しんでいた私は、気づきを得るために繰り返し、大人になっても愛されない事件が続いたということです。

当時はそのような道理もわからず、なぜ自分は愛されないのかと嘆き、自分を責めていました。しかし、その辛く苦しい出来事は、愛されない駄目な自分を許すために必要な出来事であり、本当にありがたいものであるとわかりました。一つ一つ受け入れていくうちに、「愛されることは善・愛されないことは悪」というこの世的価値観が緩んで、私の心に本当の平安が訪れたのです。

この経験が、体と心と魂は繋がっており、体の病気だけを治しても心の病気（インチャ）と魂の病気（この世的価値観）を癒さない限りは、根本的な解決にはならないのだということを実感したのです。

確かに、ホメオパシーは感情の解放を推し進め、ときに、価値観の解放をも推し進めますが、残念ながらどちらも一時的なものにならざるを得ません。

なぜなら、大元のインチャを見つけ、意識的に繰り返し癒していかない限り、インチャが癒されることはなく、インチャが存在する以上、苦しみは付きまとうからです。

そのうち、病気は神様からのプレゼントで、生き方・考え方が間違っているよというメッセージであり、その間違った生き方・考え方の学習なしに病気を治すことは神様の意志に反すること、罪になるということがだんだんわかってきました。

確かに、ホメオパシーだけでも病気は治ってしまいます。ですが、せっかく神様が用意し与えてくださった、苦しみの中で本人が気づくためのチャンスを棒にふり、何ら気づきも得ないままに病気が治ってしまったら、結局、本人のためにはなりません。魂の学習にならないからです。

だからこそ、その治癒は一時的なものになってしまうのです。また、気づきが遅れる上、そう何度もチャンスが与えられるわけでもありません。

となると、ホメオパスが、その人の病気を治してしまったカルマを背負うことになります。患者のカルマを、治療したホメオパスが背負うことになるのです。これは、ホメオパスだけでなく、全ての治療家の大きな問題だとわかってきました。

だからホメオパスは、病気は生き方・考え方が間違っているよというお知らせであることを患者に理解してもらい、インチャ癒しをして、意識的に生き方・考え方を変えていく指導をすることが大事であるとわかったのです。

ただし、インチャ癒しのツールとしてホメオパシーを利用し、意識的に感情の解放とこの世的価値観の解放を推し進めることができたら、確実にインチャ癒しを加速させられることでしょう。

また、インチャの存在が顕在意識に認識されなければ、インチャを救うこともできません。そのため、魂は潜在意識に沈んでいるインチャを浮上させようと、インチャが体験した感情と共鳴するような同種の、辛く苦しい出来事を求めます。それが運命というものです。しかし、ホメオパシーのレメディーを使うことで、辛く苦しい出来事なしに、潜在意識に沈んだインチャを浮上させることができるのです。もちろん、必ずインチャが浮上するとは限りませんが、急に泣き出したり、むかむか腹が立ったり、辛くてふたを閉めた体験が蘇ったりと、多くの方が、抑圧した過去の感情が浮上する経験をしています。

ホメオパシーは共鳴の原理により、運命を飛び越え、直接的にインチャを揺さぶり、顕在意識に浮上させ、抑圧した感情の解放と価値観の解放を促してくれます。ホメオパシーはインチャ癒しにとって、最強のツールではないかと思っています。

このように「人は魂・心・体の三位一体である」ということを念頭に、ホメオパシーを中心とし、インチャ癒しや食事療法、ハーブ療法など他の方法も取り入れ、体と心、そして魂の病気まで癒せるホメオパス育成を目指した学校を新たに作ろうと決意しました。それが2010年5月に開校したCHhom、ホメオパシー統合医療専門校です。

そのクラスで、インチャの授業も行っていたところ、あまりにも多くの人がインチャ故に苦しんでいることがわかりました。インチャ癒しに特化したクラスを新たに作る必要性を感じ、2012年9月に「インナーチャイルドセラピスト養成コース」(全20回　1年コース)を開設。通学(9月開講)とeラーニング(11月開講)2つのコースがあります。興味のある方はCHhom(シーエイチホム)事務局までお問合せください(245ページ参照)。

感情と価値観（インチャ）の階層構造と変遷

インチャ癒しとは、まず感情が生じる出来事に遭遇すること。抑圧した感情を知り、感情に含まれる願いを知り、正直な自分の願いに寄り添い、その願いをイメージの中で叶えてあげること。そして、最後は悲しみに戻り、愛されたくて泣いている駄目な自分を大人の自分が許し、受け入れ、愛してあげることです。そのために、自分に愛のある言葉をかけてあげるのです。

インチャが癒せたら、愛を他に求めることもなくなり、自分が自分を幸せにすることができます。自分を慰める力が増えることは、幸せなことです。

これから述べるインチャ形成のプロセスや癒しのプロセスは、一般的に認識されているものではなく私独自のもので、確証はありませんが、経験上おおよそ正しいのではないかと思っています。

インチャ形成のプロセスの概略は、第1部で述べた通りです。

インチャの形成は複雑ですが、複雑にしている原因は、感情を抑圧することで別の価値観、別の感情が生じるため、感情と価値観（インチャ）の階層構造が形成されることにあると考えています。

感情と価値観の階層構造と変遷という概念は、私が考案したものです。

感情は意志を含むため、感情の抑圧は、同時に価値観の抑圧となり、抑圧された感情と価値観がインチャとなって、自分から切り離されます。一方で、今度はその否定した価値観が主役（自分）となりますが、そのとき、障害に遭遇して生じる感情は、前に抑圧した感情よりも重いものになります。感情を抑圧する度に、自分が分裂し、別の価値観とともに別のより重い感情が生じてきます。心と魂の慢性病も深化し、重くなっていくのです。必然的に、インチャも重くなっていきます。

では、その感情と価値観（インチャ）の変遷について見ていきましょう。

第1段階　拒否(嫌だ)

全ての生物は『死ぬことは悪（死にたくない）』『休息することが善（休みたい）』『快適は善（快適に生存したい）』という価値観を本能としてもっています。そして、その意志の流れが堰き止められるとショックを受け、次に、堰き止められた意志が凝集し感情となります。「嫌だ、死にたくない」「嫌だ、休みたい」「嫌だ、快適でいたい」という拒否の感情です。どんな意志（願い）も、それが堰き止められたときにまずはショックを受け、次に感情が生じるということです。

さて、胎児や赤ん坊は無条件に世話をされ・保護され・大事にされる存在です。『世話されることが善（世話してほしい）』『大事にされることが善（大事にしてほしい）』『甘えることが善（甘えたい）』『してほしいことをしてもらうことが善（してほしい）』という価値観を生きています。

ところが、幼児になると、ある日突然、「自分で服を着て」などと言われ、自分で自分の世話をしなければならなくなり、「嫌だ、してほしい」「嫌だ、したくない」という拒否の感情が生じます。

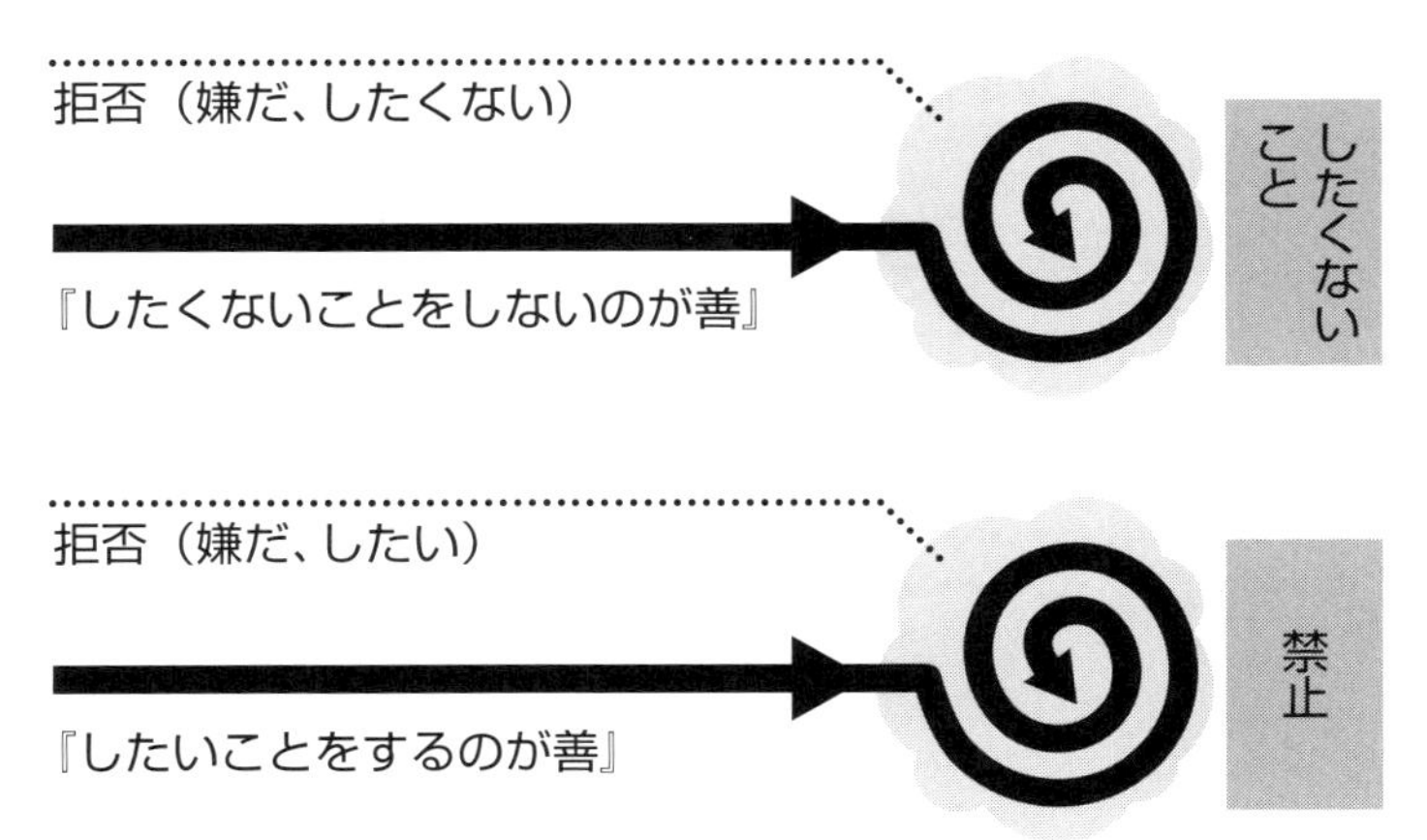

一方、幼児は、本能として『したいことをするのが善』という価値観を生きています。そこから体験したい・経験したい・知りたいなどの純粋な好奇心、わくわく感が生じます。この好奇心は生物が進化の過程で獲得したもので、生存本能（生存欲、睡眠欲、食欲、性欲）と同様、生命力の源となっています。

しかしある日、子どもがわくわくしながら庭で土いじりをしていると、親が突然「汚いからやめなさい」と土いじりを禁止します。すると子どもは「嫌だ、したい」という拒否の感情が生じ、禁止を拒否します。

このように、「嫌だ！」という拒否の感情は、本能的にしたいことを禁止される・してもらいたいことを拒否される・嫌なことを命令される・

嫌なことをされるなど、自分がもともっている価値観（本能的願い）による意志が堰き止められたときに生じる感情です。堰き止める価値観を非自己と認識し、振り払うためにある感情なのです。

しかし、幼い子どもは、「嫌だ！」と親に拒否できないこともあります。ましてや胎児や赤ん坊は「嫌だ、大事にして！」など話すことができませんから、拒否の感情を抑圧してしまいます。

もし子どもが「嫌だ！」と拒否できて、親が子どもの意志を尊重したら、障害はなくなり、感情も消失し

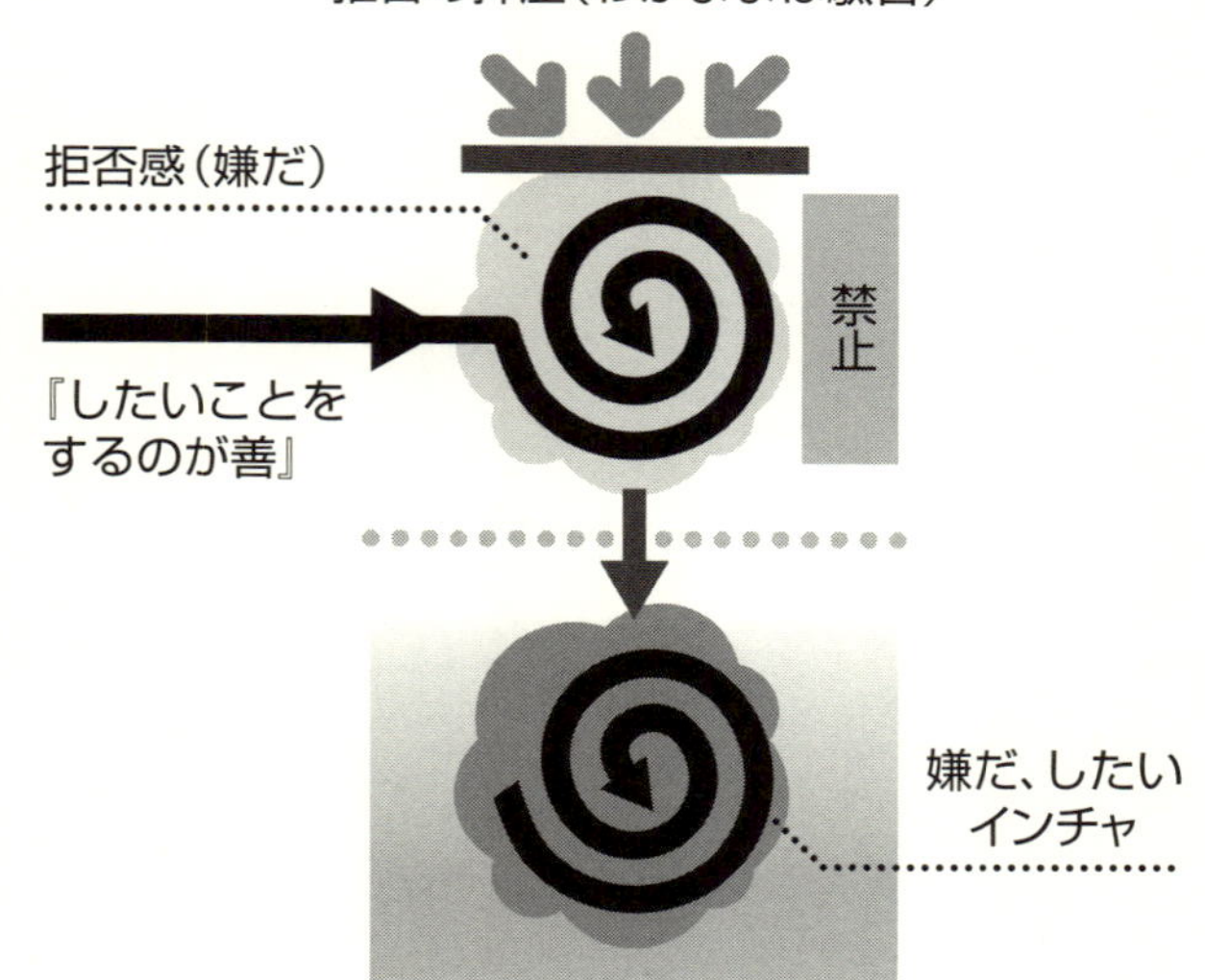

ます。しかし、親が『わがままは駄目！』と叱り、子どもの「嫌だ！」という感情を否定し、拒否すること自体を禁じたならば、拒否の感情は抑圧されてしまいます。もちろん、それでも子どもが「嫌だ！」と拒否し、親が折れたなら、嫌なことをやらずに済んだでしょう。しかし、反抗期以前の幼い子どもが親の否定に耐え、抵抗し続けることは難しいことです。当然、「嫌だ！」という拒否を抑圧することになります。そうすると「嫌だ、服を着せてほしい」「嫌だ、土いじりをしていたい」という願いが未解決な欲となって存在し続けることになります。これが最初のインチャです。「嫌だ、したくないインチャ」「嫌だ、したいインチャ」「嫌だ、してほしいインチャ」「嫌だ、してほしくないインチャ」「嫌だ、休みたいインチャ」「嫌だ、快適でいたいインチャ」「嫌だ、大事にしてほしいインチャ」「嫌だ、甘えたいインチャ」「嫌だ、遊びたいインチャ」などです。

『わがままは駄目』という価値観は、正直な気持ち、正直な行動、正直な感情を否定する価値観です。『わがままは駄目』という価値観に感染することで、『休息することが善』『快適は善』『したいことをすることが善』『大事にされることが善』という本能的価値観と、そこから生じる「嫌だ！」という感情を抑圧してしまいます。それは、「したくない」「したい」「してほしい」「してほしくない」「休みたい」「快適でいたい」「大事にしてほしい」「甘えさせてほしい」「遊びたい」と思っている自分を否定することですから、「嫌だ！」という感情は自分から切り離されて孤立し、インチャとなってしまうのです。

この拒否の感情を「嫌だインチャ」として残さないためには、親が子どもの意志を尊重するか、子どもの意志を通せないことであれば、親が頭ごなしに駄目と言うのではなく、子どもの願いに共感し理解を示すこと、すなわち「そうかそうか、土いじりをしたいんだよな、君の気持ちはよくわかるよ」と言ってあげることが大切です。

そして、「土いじりをさせてあげたいけれど、ここら辺はいつも野良猫がおしっこしている場所だから、君の手が汚れてしまうんじゃないかと心配なんだ」など、土いじりをやめさせる理由を説明します。「君に土いじりをやめさせようとすることを許してくれないか」と、親が子どもに、嫌なことをさせることへの理解と許しを求めるのです。

こうして、子どもが親を許すというプロセスを踏めばよいのではないかと考えています。許すことが愛ですから、子どもは愛を育んでいくことができると思います。

しかし、子どもが親を許すということは、親が子どもを許してはじめてできることです。だから親が子どもを許し、愛を示していくことで、子どもは愛を知り、愛を発達させる土台ができるのです。

子どもが「わかったよ、許すよ」と言って親を許すことができたら、最初の「嫌だ、したくないインチャ」「嫌だ、したいインチャ」「嫌だ、してほしいインチャ」「嫌だ、してほしくないインチャ」が作られることはないでしょう。

すでに作られてしまった「嫌だインチャ」を癒すには、まず、イメージの中で、したくないことをさせられたインチャや、したいことを止められたインチャの気持ちに共感し、「辛かったな、本当に土いじりがしたかったんだよな、今ならわかるよ」と言ってあげることです。そして、親が「君の気持ちも考えず無理矢理止めてごめんな、許してくれないか」とインチャに許しを求め、「思いきり土いじりをしていいから」と言ってあげるのです。インチャが満足するまで繰り返しイメージし、インチャの願いをイメージの中で叶えます。いずれインチャは親を許し、癒されることでしょう。嫌だインチャが癒されることによって、自分がもともともっている価値観を素直に、正直に生きることができるようになります。自分の思い通りにならないときがあっても、インチャからの「嫌だ！」ではなくなるので、わがままさがなくなります。自分の正直な願いを冷静に相手に伝えることができるでしょう。

ただし、「嫌だ！」という拒否の感情は、「嫌だ、休みたいインチャ」「嫌だ、何もしたくないインチャ」が本能化した癩病マヤズムと、「嫌だ、快適でいたいインチャ」「嫌だ、大事にされたいインチャ」「嫌だ、好きなことをしたいインチャ」が本能化した疥癬マヤズム①②③が目覚めても生じ得ますので、人が真にわがままさを克服することは難しいことだとは思います。

第2段階　疑いの恐れ（驚き）

胎児・赤ん坊・幼児は、『無条件に愛されることは善』という価値観を本能としてもっていて、「親は自分を保護し、どんなときも守ってくれる存在」「自分は大事にされる価値がある」「自分はどんな願いでも叶えてもらえる」と純粋に信じています。よって、あえて保護を求めることも、存在価値を求めることもしません。

だからこそ、親から条件付きの愛（『良い子・できる子・見た目が良い子・勝（まさ）ってる子が善』）で否定されたり、親が自分の意志を尊重しなかったり、突き放す、保護しない、無視など冷たい態度をとられると、大変なショックを受けます。ましてや、親から無条件に嫌われたり、否定されたら、想像を絶するショックを受けることになります。子どもの気持ちに寄り添うこともなく、有無を言わさず否定する怒りや冷たい態度、無視、無関心には愛がありません。無関心は完全否定ですから、深く、子どもの心を傷つけてしまいます。

その体験は、最も信頼する人から裏切られるような体験であり、自分の存在基盤が揺らぐほどの辛い体験です。早ければ、胎児期から非常にショックを受けています。

子どもを無条件に愛せる親などこの世に存在しませんから、子どもは遅かれ早かれ、親から否定される経験をします。

否定されることで『無条件に愛されることが善』という意志の流れが堰き止められ、ショックを受け、意志が凝集することで、疑いの恐れ（驚き）の感情が生じます。その疑いの恐れの感情は「嘘でしょ、無条件に愛して」「嘘でしょ、無条件に許して」「嘘でしょ、無条件に受け入れて」「嘘でしょ、否定しないで」「嘘でしょ、どんな願いも叶えて」という、否定しないでほしい、願いを叶えてほしいという強い願いです。

無条件に愛されることで疑いの恐れをなくし、愛される価値のある存在、駄目ではない存在であることを確認するための感情です。

たとえば、「嫌だ！」と拒否したとき、親から『わがままは駄目！』と叱られ、否定さ

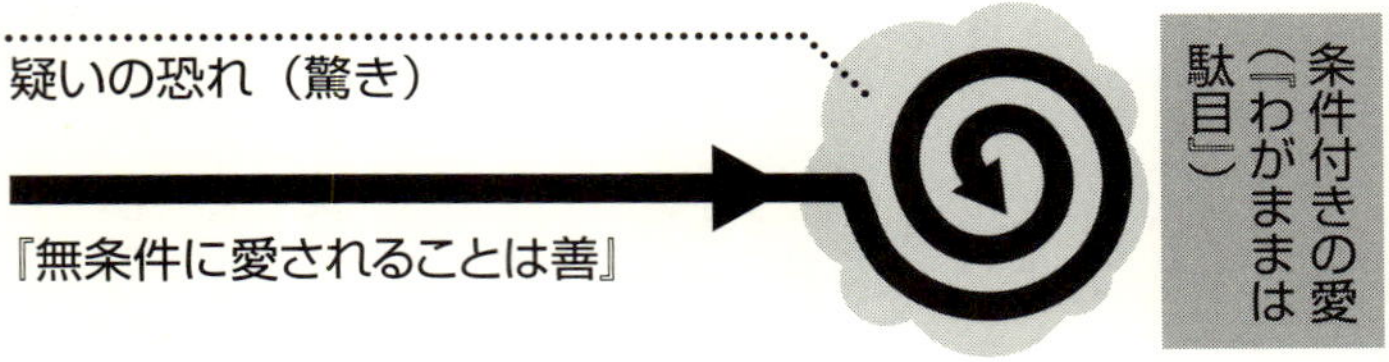

条件付きの愛
（『わがままは
駄目』）

疑いの恐れ（驚き）

『無条件に愛されることは善』

れることで、子どもは「自分は無条件に愛される存在なのだろうか？　自分は駄目なのではないか？」との疑いを抱き、ショックを受けるわけです。

これは『わがままは駄目』という価値観に感染したことを意味しますが、まだ完全に感染したわけではありません。「自分は駄目ではないか？」という疑いが生じた段階で、「自分は駄目」と確信しているわけではないのです。

もし、疑いの恐れの感情を素直に表現し、行動していたら、『わがままは駄目』というこの世的価値観（愛される条件）を振り払うことができます。

すなわち、「びっくりした。お母さん、嘘だよね、びっくりさせないでよ」とか「お母さん、今は土いじりをしたいんだ。許してよ」と言えたなら、そしてお母さんが「びっくりさせてごめんね」と謝ってくれたなら、『わがままは駄目』というこの世的価値観に感染することはなかったでしょう。

疑いの恐れ（驚き）の感情というのは、この世的価値観に感染したショック状態であり、この世的価値観を非自己と認識し、振り払うためにあるのです。

しかし幼い子どもなら、大抵の場合、驚きのあまり何も言えなくなってしまうことでしょう。ましてや胎児、赤ん坊は話せませんから、価値観を振り払い、疑いの恐れの状態（ショック状態）を乗り越えるのは難しいことです。

疑いの恐れをもったままの状態というのは、胎児・赤ん坊・幼児にとって、とても辛い状態です。ですから、この状態から抜け出すために、疑いの恐れの感情を抑圧してしまいます。たとえ「嘘でしょ？」と疑うことでこの世的価値観を振り払う力があったとしても、疑うこと自体をも親が禁じたら、やはり、疑いの恐れの感情は抑圧されます。

疑いの恐れの感情が抑圧されると、『わがままは駄目』というこの世的価値観に完全に感染します。この世的価値観を完全に信じてしまうのです。そして、疑いの恐れの感情がインチャとして存在し続けることになります。すなわち、「無条件に愛してほしいインチャ」「無条件に許してほしいインチャ」「無条件に受け入れてほしいインチャ」「どんな自分でも否定しないでほしいインチャ」「どんな願いも叶えてほしいインチャ」となります。以降、同じような状況でインチャが刺激され、急性のショックを受けやすくなり、「嘘でしょ、無条件に愛して」という赤ん坊・幼児の感情が出てきてしまいます。

また、「無条件に愛されたいインチャ」「否定しないでほしいインチャ」が本能化した痞癖マヤズム④が目覚めても、同じように疑いの恐れが生じます。

疑いの恐れの感情を抑圧するということは、否定されたショックが未解決なままになるということ、つまり、最初のトラウマになるということです。この抑圧された疑いの恐れは「狭義の心理的トラウマ」、抑圧されたさまざまな感情（悲しみ、恐れ、怒りなど）は「広義の心理的トラウマ」と定義できるかもしれません。どんな感情であれ、自分の強い願いを否定されるときは、ショックを受けるものですから。

否定を受け入れることで生じる悲しみの感情を取り戻し、駄目な自分を愛してあげることで、トラウマを癒していくことができます。

第3段階　悲しみ

疑いの恐れの感情を抑圧するということは、『良い子・できる子・見た目が良い子・勝ってる子が善』という条件付きの愛を受け入れるということです。「自分は駄目ではないか」という疑いから、「自分は駄目である」という確信に変わり、『条件付きで愛されることは善』という価値観を生きるようになります。「良い子・できる子・見た目が良い子・勝ってる子になるから愛して」という願いを生きるようになるのです。

すると、庭で土いじりを続けたいわがままで駄目な自分（嫌だインチャと疑いの恐れのインチャ）は、愛されるための障害となってしまいます。そして、『条件付きで愛されることは善』という意志の流れが堰き止められ、凝集して強い願いとなり、感情が生じます。

このときの感情は、悲しみです。

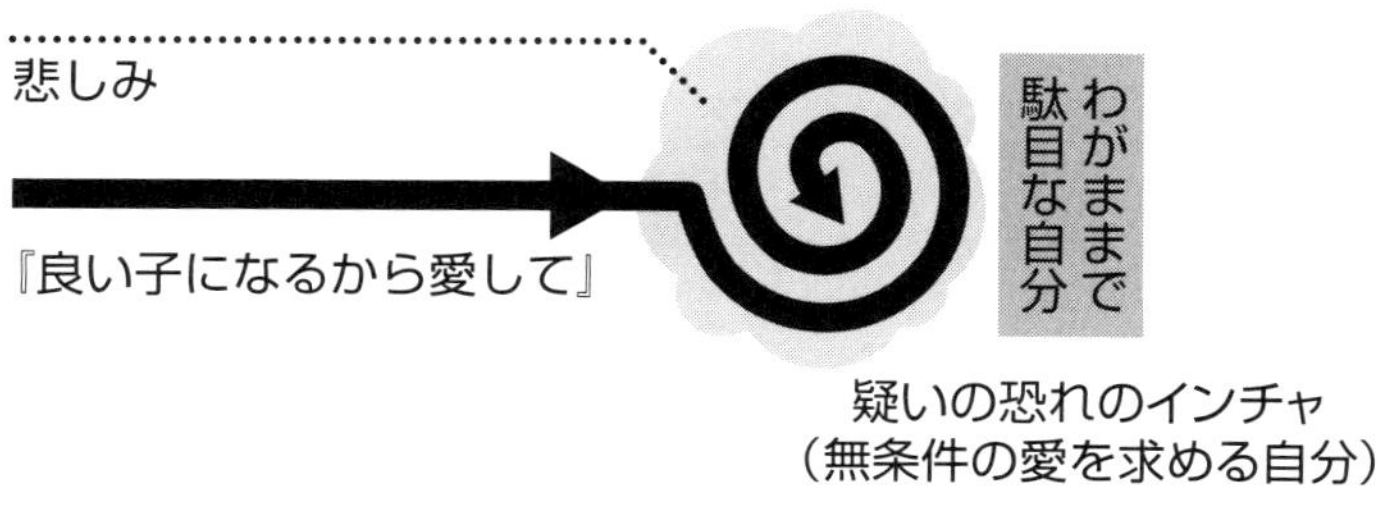

疑いの恐れの感情を抑圧することで、悲しみの感情が生じてくるのです。この悲しみの感情は、自分は駄目だけど（愛される条件を満たしていないけれど）愛してほしい・許してほしい・受け入れてほしい、という感情です。

『わがままは駄目』という価値観はわかっているけれど、今は、わがままで駄目な自分を許してほしいという願いなのです。たとえば、幼児がいきなりスタスタと歩くことはできませんよね。子どもとしては、いずれはスタスタ歩けるようになることを目指すものの、今はできない自分を許してほしいと願っているのです。

親から『わがままは駄目』と否定された子どもは、愛してもらえず、悲しくて泣きます。泣くことの本質は許してもらうことです。駄目な自分が愛されないことが悲しくて、駄目な自分を、わがままを言う自分を許してほしくて泣いているのです。

もしこのとき親が許せば、わがままな自分（無条件に愛してほしい自分）は障害となりません。わがままな自分がありのまま愛されることで、願いが叶い、悲しみの感情は消失します。同時に、条件付きの愛が無条件の愛に変わります。無条件に愛されたい、疑いの恐れのインチャも解放されて、『わがままは駄目』という価値観もまた、解放されるのです。

条件付きの愛を解放する鍵は「許される」ことにあります。だからこそ本当は、悲しみに留まり、泣くことをやめず、許しを求め続けることが大切なのです。

わがままな自分を許してと泣いている子どもに、親が泣くことを禁じたり、泣いても許さなかったり、無視すると、悲しみを感じたままの状態は子どもにとって辛い状態、この悲しみから抜け出すために子どもは、悲しみの感情を抑圧してしまいます。先に述べた通り、感情は行動を伴います。泣くという行動や「許して！」と許しを求める行動を抑圧することは、感情を抑圧することです。また、意識的に抑圧しなくても、未解決なものとして残ってしまいます。

悲しみの感情を抑圧することで、悲しみのインチャが作られます。「駄目な自分を愛してほしいインチャ」「駄目な自分を許してほしいインチャ」「駄目な自分を受け入れてほしいインチャ」です。

愛されたいインチャが存在するため、同じような状況で急性の悲しみが生じます。ことあるごとに、自分はわがままで駄目な子、優秀ではなく駄目な子、かわいくない子、あの子より劣る子、悪い子、価値のない子と思い、そんな自分を許してほしくて泣き出します。

あるいは「愛されたいインチャ」「許されたいインチャ」「受け入れられたいインチャ」が本能化した淋病マヤズム①が目覚め、同じように悲しみが生じてしまうこともあります。

悲しみを抑圧することは、こうした駄目な自分が許されることを諦めることであり、許されるチャンスを失うことです。同時に『良い子・できる子・見た目が良い子・勝ってる子が善』という、条件付きの愛を解放するチャンスをも失います。『優れていることは善』『勝っていることは善』という価値観に完全に感染して（信じて）しまうのです。

発熱の初期症状は病原体を追い出すチャンスですが、熱を抑圧することで病原体の侵入を完全に許してしまうことと同じように、悲しみの感情を抑圧することで、わがままな自分は駄目だと、自己否定をするのです。

第4段階　恐れ

道徳的に駄目、能力的に駄目、容姿的に駄目な自分が許されなければ、悲しみの感情を抑圧する他になく、『条件付きで愛されることは善』（優れた子になるから愛してほしい）という価値観を抑圧することになります。そして『良い子・できる子・見た目が良い子・勝ってる子が善』という価値観を完全に信じ、『優れていることが善』という価値観を生きるようになります。

簡単に言うと、泣くことで駄目な自分を許してもらおうとはせず、頑張って駄目ではない自分になろうとするのです。駄目な自分が愛されること・許されること・受け入れられることを求めず、駄目ではない自分になること・優れること・褒められること・評価されること・認められることを求めます。頑張って、駄目ではない自分になることで否定されないように、愛してもらおうとするのです。駄目な自分では否定され、愛してもらえなかったからです。

こうして、愛されることを求める悲しみのインチャは潜在意識に沈み、良い子・できる子・見た目の良い子・勝ってる子になることを求めます。

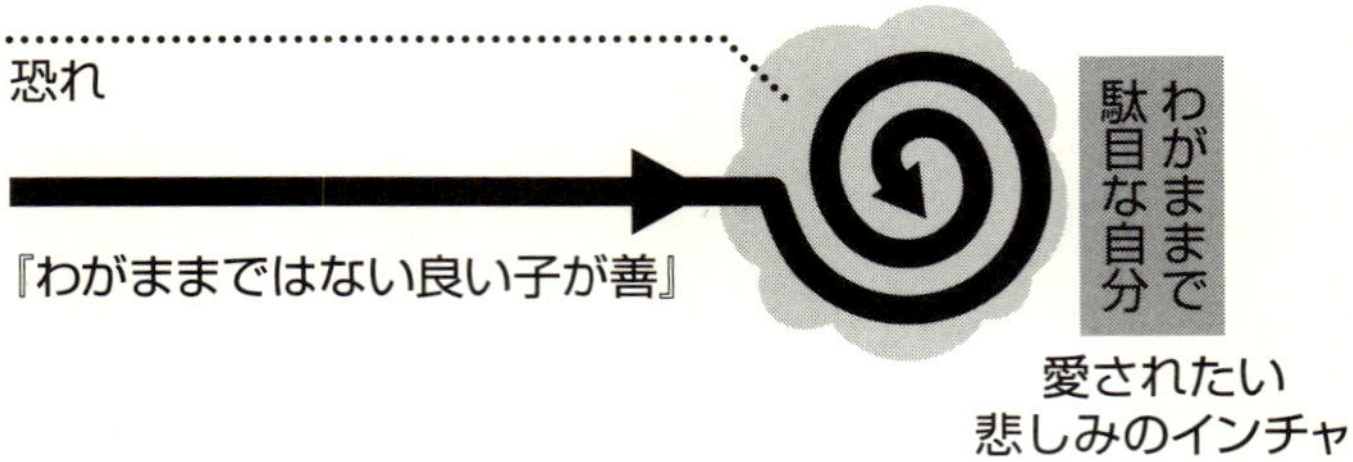

恐れ

『わがままではない良い子が善』

わがままで駄目な自分

愛されたい
悲しみのインチャ

また、泣いて駄目な自分を許してもらおうとするとき、親が「泣くな！」と泣くことを禁止した場合、『泣かないことが善』という道徳的価値観にも感染し、その価値観を生きるようになります。

しかし、愛されたい悲しみのインチャ（わがままで駄目なインチャ）がいますから、どうしても、その駄目な自分が障害となって、意志が凝集し感情が生じます。このときの感情は恐れです。わがままで泣き虫の駄目な子だと愛してもらえないため怖くて、良い子になれるよう、一生懸命頑張ります。恐れから、障害である、わがままで泣き虫の駄目な自分を嫌い、必死に排除しようとするのです。悪い子・駄目な子になることが恐くて、逃げている状態です。

しかし、頑張っても頑張っても、決して心安らぐことはありません。どんなに良い子と褒められても、安心できません。自分は駄目だと確信している、愛されたい悲しみのインチャがいるからです。ですから、常に良い子でいるべく努力し続けなければならなくなります。

そして『良い子が善』という価値観で、頑張って良い子を目指せば目指すほど、わがままで泣き虫の駄目な自分を否定することになります。頑張れば頑張るほど、障害が大きくなってしまうということです。恐れの感情も大きくなってしまい、より一生懸命に頑張らなければならなくなります。

ブレーキ（自分は駄目だから）を踏みながら、アクセル（頑張る）を踏んでいる状態ですから、なかなか前に進みません。良い子になろうと頑張っても頑張っても、良い子にはなれず、もう頑張れないというところまできて、いずれオーバーヒートしてしまうことでしょう。

このように、良い子・できる子・見た目の良い子を目指しますが、誰かとの比較が入ると、より一層良い子・できる子・見た目の良い子にならなければなりません。あの子より劣ると駄目で、競争が始まり、競争に勝たざるをえなくなります。この価値観は『勝ってる子が善』という価値観で、愛される条件となります。勝つために頑張るようになるのです。

親から駄目だと否定されたり、駄目な自分に直面するのが恐ろしくて一生懸命に頑張りますが、恐れから頑張り続けることは、子どもにとって辛い状態です。ですから、楽になりたくて、頑張ることから逃げてしまいます。

こうして、恐れの感情を抑圧します。あるいは、恐れること自体を親が禁じることでも、恐れの感情が抑圧されてしまいます。

恐れの感情が抑圧されると、恐れの感情が未解決なものとなり、インチャとなります。この恐れのインチャは「良い子インチャ」「優秀インチャ」「見た目の良い子インチャ」「勝りたいインチャ」です。優れたい・勝りたい・負けたくない・認められたい・褒められたい・評価されたいインチャです。この「優れたいインチャ」「勝りたいインチャ」が本能化したものも、淋病マヤズム②③になります。愛されたいインチャも優れたいインチャも勝りたいインチャも、優れた子を目指すインチャだからです。

以降、同じような状況に陥ると、恐れのインチャが急性の恐れを感じます。頑張って良い人を演じたり、自分の無能さが明らかになりそうになると、恐れて逃げだしたり。人から否定されないように、頑張って優れていることを示したり、勉強したり、容姿をよく見せようとしたり、競争に勝とうします。このように恐れのインチャに突き動かされ、生涯、頑張らなければならなくなるのです。

第4.5段階　負けたくない恐れ

どちらがより優れているか（どちらが勝っているか）競争する以上、勝敗が決着します。もし競争に勝てないとわかったら、負けを認めるしかありません。しかし、負けを認めることは、駄目な自分を認めるということですから、負けを認めることから逃げたくなります。そこで、『競争しないことが善』という新しい価値観を形成し、競争することそのものから逃げようとします。

競争して相手より勝りたいインチャがいるため、『競争しないことが善』から生じる意志の流れが堰き止められて、感情が生じます。このとき生じる感情は、競争したくない恐れ、負けたくない恐れです。

競争を回避するために、人のできないようなことをし、人のやらないようなことをやり、特別な存在になろうとします。

この負けたくない恐れの感情を抑圧することで「競争したくないインチャ」「負けたくないインチャ」が作られます。この負けたくない恐れのインチャが本能化したものが結核マヤズム①です。

第5段階　怒り

愛されない恐れから一生懸命頑張りますが、頑張っても頑張っても良い子になれない、できる子になれない、見た目が良い子になれない、競争に勝てない、とくに、兄弟で比較され、どう頑張っても弟のようには褒めてもらえない、競争を避けて特別な存在になろうとしても認めてもらえないとなると、頑張りようがなくなります。次第に、恐れの感情を抑圧し、頑張ることから逃げて、対抗価値観やプライド、大義名分、言い訳、被害者意識で抵抗するようになります。追い詰められたら戦うしかありませんよね。「窮鼠(きゅうそ)猫を噛む」です。恐くてたまらないからこそ、攻撃するのです。

恐ろしさに、駄目な自分を認められず、自分を否定する相手（親）を否定することで防衛します。頑張ることで、駄目な自分との直面を避けてきましたが、やがて頑張ることからも逃げ、今度は戦うことで、駄目な自分に直面しないようにします。

評価されない原因が駄目な自分にあるのではなく、自分以外にあるとして、責任を求め、自身の責任から逃れようとするのです。自分に責任があると考えると頑張らなければならず、苦しいからですね。加害者を作り、自分を被害者にすることで、自分を変えることから逃れるのです。駄目なのは自分ではなく相手。だから自分を変えるのではなく、相手をコントロールし、変えようとします。相手を、自分の価値観で支配しようとするのです。

これが怒りの段階です。

戦うためには武器を必要とします。親の価値観と戦う（否定する）ための価値観、対抗価値観です。対抗価値観にはいろいろな種類がありますが、どれも責任逃れをするための価値観です。対抗価値観は、自分を守るために無意識的に形成され、自覚できないことがよくあります。ですから、怒っているとき、怒りの中にある正直な気持ちもわからないのです。

①親の価値観と反対の価値観で戦う

親が『わがままは駄目』『勉強できないのは駄目』『格好が悪いのは駄目』というこの世的価値観で子どもを否定します。子どもは良い子、できる子、見た目が良い子になろうと一生懸命に頑張りますが、駄目なインチャが存在するため、どうしても親に否定されてしまいます。それに対抗するため、親の価値観とは反対の価値観『わがままでいい』『勉強できなくていい』『格好悪くていい』を形成し、親と戦います。

『わがままは駄目』

怒り

『わがままは善』

　『わがままは善』という対抗価値観をもつと、親の価値観である『わがままは駄目』が障害となり、意志が凝集して感情が生じます。このときの感情は怒りです。
　『わがままは善』という対抗価値観で、『わがままは駄目』という親の価値観を排除すべく戦います。しかし『わがままは駄目』と信じている恐れのインチャ（良い子インチャ）がいますから、『わがままは駄目』という価値観を排除することは、『わがままは駄目』と信じている恐れのインチャ、良い子インチャを否定することになります。怒りで親を攻撃すればするほど、恐れの良い子インチャを傷つけて、苦しくなってしまいます。
　恐れの感情が自分を守るための盾だとすると、怒りの感情は自分を守るための矛です。盾となる価値観と矛となる価値観は矛盾するものなのです。

②親と反対の評価価値観で戦う

親の価値観は肯定しますが、その評価が間違っているという価値観で対抗する場合もあります。親が『わがままは駄目』と子どもを否定しますが、子どもが『わがままではない』と言って抵抗します。自分がわがままではないとすれば、良い子になろうと努力する必要はなくなります。そうして親と反対の評価価値観、駄目ではない自分を作り出し、自分はわがままではない、自分は駄目ではないとして、駄目な自分を守っているのです。

しかし、自分はわがままだと信じている恐れのインチャがいますから、やはり苦しくなってしまうのです。

ちなみに、自分が駄目なのではなく、親の評価が間違っているとした場合、合わせて『自分は大事にされるべき』『自分は評価されるべき』などの価値観も形成されます。しかし、その奥底では『自分は大事にされる価値がない』『自分は評価されるに値しない』と信じています。

③駄目ではない自分を作り出し駄目な自分を責める

駄目な自分に直面するのが辛いため、自分を分裂させ駄目ではない自分（偽りの自分）を作り出し、駄目な自分に責任を押しつけて、楽になろうとする場合があります。

駄目ではない自分ができると、駄目な自分や駄目な人が障害・攻撃対象となり、怒りの感情が生じます。駄目な自分が攻撃されると罪悪感・自己卑下・自己嫌悪にかられます。罪悪感・自己卑下・自己嫌悪になるということは、駄目な自分から、一生懸命頑張ることから逃げているということなのです。

一見すると、罪悪感・自己卑下・自己嫌悪の感情は、自分の駄目さを認めているようにも思えます。その実、自分を分裂させ駄目ではない自分を作り出し、駄目な自分に責任をなすりつけて、責めているだけなのです。

自分以外の駄目な人をも責めますが、駄目な人は単に、駄目な自分の投影。駄目な人や駄目な自分を責めている限り、うまくいくことはありません。自分は駄目で未熟な人間であると心底認めない限り、分裂前の自分に戻ることはできないし、本当に努力することもできないのです。

④プライドの自分を作り出す

親の価値観を間接的に否定する価値観で対抗する場合があります。たとえば、『自分は特別な存在である』『自分は大事にされるべき存在である』などの価値観です。親が自分の子どもを粗末に扱い、大事にしなければ、生きるためにそういった対抗価値観を形成せざるを得ません。自分を、完璧な存在や特別な存在にしなければ生きていけなかったのです。そういう夢を見ているのです。現実を見る勇気がないので、プライドの自分を作り、相手を否定し、怒りに逃げているのです。現実を見たら、努力しなければなりません。努力したくないからこそ、現実を見ないとも言えます。だから自分に現実を突き付けようとする者を怒りでもって否定し、打ち負かそうとするのです。

もちろん、このプライドの自分も偽りの自分。頑張っても駄目だったため、自分を分裂させ、駄目ではない自分を作り出したに過ぎません。

深いところではそのことを自身でもよく理解しているので、自分を特別な存在にしてくれそうなものに安易に飛びつきます。

対抗価値観を手放し、怒りを超えていく極意

父親からの暴力を受けていた人は、『人に暴力を振るってはいけない』『誰も自分を傷つけてはいけない』という対抗価値観をもって、父親を否定しようとします。しかしその奥底には、『自分が駄目だから父親から暴力を受ける』『自分は暴力を受けて当然の人間だ』という価値観を必ずもっています。なぜなら、幼い子どもは、父親が悪いとは考えられないからです。

あるいは、母親が忙しく働いていて、あまり面倒を見てもらえなかった人は、『母親は子どもを大事にすべき』『自分は大事にされる価値がある』という対抗価値観を形成し、母親を否定しようとします。しかしその奥底には、『自分が駄目だから母親に大事にされない』『母親に迷惑をかける自分は大事にされる価値がない』という価値観を必ずもっています。幼い子どもは、母親から「今忙しいから邪魔しないで!」「甘えないで!」と叱られると、母親の価値観を信じ、自分が悪いと信じてしまうからです。

このように、まず自分が悪いからと考えた悲しみがインチャとなって、存在し続けます。

だから、親から暴力を受けていた人は、どんなに『人に暴力を振るってはいけない』と

考えていても、その奥にあるインチャが『駄目な人には暴力を振るって当然だ』と思っているので、どうしても、自分の子どもにも暴力を振るってしまいます。それにより『人に暴力を振るってはいけない』と考える自分が暴力を振るうインチャを責め、罪悪感にかられますが、子どもに暴力を振るうことはやめられないのです。

「暴力を振るう親が悪い」「なぜ大事にしない」「なぜ愛さない」「私を大事にしろ」と考え、親を責め、親を変えよう、親をコントロールしようと思う限り、怒りを克服することはできません。

「自分は親に暴力を振るわれて当然の人間だ」「自分は大事にされなくて当然の人間だ」と思っている自分を認めることが大切です。そこから逃げようとして、怒りで戦いつつも心の奥底で、自分は大事にされる価値のない存在であると確信しています。それを認めることが恐くて、怒りで抵抗しているだけなのです。

怒りを超えていくためには、対抗価値観やプライドを手放していかなければなりません。そのために、親が間違っていると考えるのではなく、親が正しいと考えるようにするのです。

これは客観的に、親が正しい・正しくないと言っているわけではありません。幼い子どものインチャは、自分が悪いから親が叩く、自分が悪いから親が大事にしてくれないと純粋に信じているためです。『自分は大事にされる価値がある』という対抗価値観が生じるということは、その背後に『自分は大事にされる価値がない』と信じているインチャがいるということです。もっとも本人は、対抗価値観があることも、大事にされない出来事に遭遇したときに生じる怒りが「自分は大事にされるべきだ！」という思いであることも、意識できずにいたりします。

だから怒りが生じたとき、対抗価値観で抵抗はせず、自分の駄目さ、自分の未熟さを真正面から見据えることが大事なのです。そうしてはじめて自分の駄目さ、自分の未熟さを認められます。

しかし、理不尽な暴力、育児放棄などの場合、どうしても自分が悪いとは思えないかもしれません。しかしそれでも、幼い子どもは自分が悪いから叩かれる、自分が駄目だから大事にされないと信じているのです。

ですから、どんなに親が悪くて自分が悪いとは思えなくても、勇気をもって自分の駄目さを認めていくことが必要なのです。

それができたとき、相手を否定するための武器（対抗価値観）は不要となり、手放していくことができます。なぜなら、自分の負けを認めてしまえば（両手を上げて降参してしまえば)、武器をもって戦う必要がなくなるからです。

そうしてはじめて悲しみに戻ることができ、そんな駄目な自分、親に叩かれて当然の自分を、イメージの中で、親に許してもらうのです。親に許してもらうイメージが難しければ、大人の自分が駄目な自分を許してあげましょう。駄目な自分が許された感覚が得られるまで、何度も繰り返しイメージします。

この世的価値観(愛される条件)を解放する鍵は、駄目な自分が許されることにあります。許されるためには、まず駄目な自分を認めなければなりません。自分は悪くない、自分は駄目ではない、親が悪い、世間が悪いと突っ張っている限り、インチャを本当に癒すことはできないのです。

ここで言う駄目とは、あくまで、親の価値観の上で駄目と否定されているに過ぎません。親の価値観から見れば、あなたは実際に駄目だったんですよ。

理由なく暴力を振るわれたとしても、理由なく大事にされなかったとしても、嫌われていたから暴力を振るわれていたし、大事にされなかったわけです。もし、嫌われる理由がなければ、存在自体が駄目、迷惑な存在、生きている価値がないと思われていたことでしょう。

だから、怒りで戦うしかなかったのです。だから、プライドをもって自分を守る他なかったわけです。しかし、存在自体が駄目だと信じている自分がいる以上、そこを認めない限りは決して次の段階、自分を許すところにはいかないのです。

勇気をもって、存在自体が駄目だった、存在価値がなかった自分を認めていくことが大事なのです。そして、「自分だけは自分を見捨てないよ」「自分だけはそんな自分を愛するよ」と言ってあげることが大切なのです。

怒りの抑圧

次に「自分が正しい、親が間違っている」という怒りの感情で親と戦おうとしますが、戦いに負ければ再び恐れを感じることになりますから、戦う以上、勝たなければなりません。しかし当然、負けることもあります。戦っても戦っても負けてしまうと、戦うことから逃げようとします。こうして、怒りの感情が抑圧されます。

あるいは怒ること、反抗すること自体を、親が暴力などで抑えつけた場合も、怒りの感情が抑圧されます。また『戦うことは悪』『怒っては駄目』などの価値観でも、怒りの感情は抑圧されます。

こうして怒りの感情が抑圧されると、怒りの感情が慢性化し、潜在意識に沈んでインチャとなります。このインチャは「戦いたいインチャ」「打ち負かしたいインチャ」「自分はすごいインチャ」「自分は正しいインチャ」「相手が間違っているインチャ」です。

怒りのインチャ、「戦いたいインチャ」が本能化したものが、梅毒マヤズムの正体です。

第5.5段階　負けたくない怒り

戦う以上、勝敗が決着します。もし戦いに勝てないとわかったら、負けを認めるしかありません。しかし、負けを認めることは駄目な自分を認めるということですから、負けを認めることから逃げたくなります。

そこで、『戦わないことが善』という価値観を形成し、戦うことから逃げようとします。このとき、『戦うことは善』という価値観を否定することで逃げようとします。否定は怒りであり、戦いですから、『戦わないことは善』という価値観で戦っている（否定している）のです。

しかし、戦って相手を打ち負かしたいインチャ、あるいは、戦いを挑んでくる相手がいるので、どうしても『戦わないことが善』から生じる意志の流れが堰き止められて、感情が生じます。このとき生じる感情は、戦いたくない怒りであり、負けたくない怒りです。

きれい事や理想論、道徳を説く人には注意が必要です。きれい事がまかり通るのは、汚いドロドロとした自分を見つめた先にあるものだからです。きれい事や理想論を説く人をよく見ると、正反対の価値観に囚われ苦しんでいるインチャが見えてきます。たとえば、平和活動をしている人々の中に、強い攻撃性を垣間見ることがあります。このような矛盾する価値観は、怒りで対抗しようとするときに形成されることが多いのです。

この戦いたくない（負けたくない）インチャが本能化したものが、結核マヤズム②です。

第6段階　無力感・敗北感

戦っても戦っても打ち負かされてしまう、戦っても無視されてしまう、あるいは、戦いを避けようと戦っても負けてしまうとなると、負けるしかありません。『怒ってはならない』という価値観で怒りを抑圧した場合や、対抗価値観やプライドを捨てきれない場合、暴力などで怒りを抑えつけられた場合も負けるしかありません。

しかし、これでは本当に負けたことにはなりません。

自分が駄目であると認めて負けるのではなく、負けることしかできないため『負けることは善』『抵抗しないことが善』という価値観で負けようとするのです。戦うことから逃げ、戦わないことからも逃げるのです。しかし「戦いたいインチャ」「抵抗したいインチャ」「自分はすごいインチャ」「自分は正しいインチャ」などが障害となり、意志が凝集し感情が生じます。

このときの感情は、無力感、敗北感です。負けたいのに、それが叶わないのです。本来、負けるとすがすがしい気持ちになるものですが、怒りを抱えたまま負けるので、無力感、敗北感、屈服感、惨めさを感じるのです。

対抗価値観の自分が負けを認めたときこそ本当に、駄目な自分を認められて、対抗価値観の自分は消失し、恐れや悲しみの段階に上昇します。もし、戦うことから逃げていなければ、負けたときに悔しいという感情になり、リベンジする原動力となります。しかし、この段階では、戦うことから逃げて（戦わないことからも逃げて）負けるのです。戦っても負けてしまうので、本当に負けてしまう前に負ける。負けることから逃げる。駄目な自分から逃げている。だから、すっきり負けられないのです。

無力感、敗北感の感情を抑圧することで「どうせ自分は負けですよインチャ」ができ、その後の人生で、ちょっと否定されただけで、負け犬根性が出てきてしまいます。「どうせ自分は駄目ですよ」と言う人に限って、自分の駄目さも負けも、素直に認めないのです。

無力感・敗北感を感じている人は、過去をイメージして、戦うことから逃げず、しっかり戦ってみましょう。イメージの中で再戦を申し込み、とことん、戦ってみるのです。

抑圧された怒りのインチャがいるので、怒りの解放のために、最初は勝つイメージを。ある程度怒りを解放できたと思ったら、今度はイメージの中でしっかり戦って負けましょう。しっかり負けて、駄目な自分をしっかり認めるのです。そして、悲しみに戻り、駄目な自分を許してほしいと泣き、許しましょう。

無力感、敗北感を感じ続けることは、子どもにとって辛い状態です。楽になりたくて、無力感、敗北感に直面しないよう逃げてしまいます。自分の力のなさに直面することから逃げようとするのです。

こうして無力感、敗北感、負け犬感、惨めさの感情が抑圧され、慢性化し、潜在意識に沈んでインチャとなります。このインチャは「戦いたくないインチャ」「抵抗したくないインチャ」「どうせ駄目ですインチャ」「負けるしかないインチャ」です。

また、このインチャが本能化したものが、癌マヤズムです。

第7段階以降

第7段階　恨み・憎しみ

敗北するということは、親の価値観が正しいとしぶしぶ認めることになります。今度は「どうせ私の負けです」「どうせ私は駄目です」では終わりません。再び親の価値観を善として、親の価値観を生き、再び良い子・できる子・見た目の良い子・勝ってる子を目指さなければなりません。良い子になろうと、しぶしぶ頑張ります。

自分の意志で頑張るのではなく、完全に親の意志を生きるようになります。自分が頑張りたいから頑張るのではなく、いやいや頑張るという状態です。そこに、自分の願いはありません。自分を分裂させて、親の意志を生きる自分を作り出すのです。

こうして再び親の価値観を生きるのですが、無力感を感じているインチャがいるため、意志の流れが妨げられ、凝集して感情が生じます。さらに、親から再び否定されると、それも障害となって意志が凝集し、恨み・憎しみの感情が生じてきます。「俺が良い子・できる子になりゃ、てめえは満足するんだろ、なら良い子になってやるよ」という感情です。これが恨み・憎しみの感情です。

第8段階　復讐心

恨み・憎しみにより頑張るものの、やはり駄目だと言われると、親の願いを生きている自分は、もうこれ以上頑張れないというところにきます。

再び戦うことになりますが、正面からは戦わず、陰から戦います。陰湿な戦いです。嫌がらせをするなど、間接的に戦うようになるのです。自分を傷つけて抵抗する場合もあります。あるいは、復讐心が自分に向いて、自分を傷つける場合もあります。

第9段階　神から罰を受けるような悲しみ

このような復讐心を抑圧してしまうと、神から罰を受けているような悲しみに移行します。

第10段階　神から罰を受ける恐れ

神から罰を受けているような悲しみを抑圧してしまうと、神から罰を受ける恐れに移行します。

第11段階　神への怒り

神から罰を受ける恐れを抑圧してしまうと、神への怒りに移行します。

第12段階　無感情・虚無

神に戦いを挑んだところで勝てるはずもなく、敗北し、自分の負けを認め上昇もできますが、神への怒りを抑圧してしまうと、無感情になってしまいます。虚無に行ってしまうのです。

実際、いらん子で、生まれる価値もないと言われた私は、ここまで来ていました。何をやっても駄目で、もう死ぬしかないと思っていました。

インチャ癒しの例

インチャ癒しの例として、CHhom「インナーチャイルドセラピスト養成コース」で学ぶ学生さんが提出した宿題（悲しみの感情）から2例、紹介したいと思います。

Aさんの回答

Q1　どういうときに悲しみを感じますか？
A1　自分は必要ない人間と感じたとき
Q2　その悲しみを感じた出来事は？
A2　子どもが生まれる前、まだ仕事をしていた頃、精神的に調子が悪くなりました。通院しながら仕事をし、家に帰っても元気にふるまえず、ため息をついたり泣いてばかり。夫も多分どうしていいのかわからず、家の中の暗い感じに耐えかねたのだとは思いますが、私に言うまでもなく、やや怒った口調で「全然楽しくない」とつぶやいたのです。私は「とうとう夫にも嫌われる」「やっぱり誰にも愛されない」と、とても悲しくなりました。

自分でもどうしようもないのですが「私がこんなことになっているせいで嫌な思いをさせている」という申し訳ない気持ちもあり、また「誰も味方がいない」「誰にも愛されない」と、とても悲しくなりました。

Q3　その悲しみを生じた価値観は？

A3　「誰からも好かれ必要とされる人でなければならない」「甘えてはいけない」

Q4　幼少期を振り返りインチャ癒しをしてください。

A4　姉と私が小さい頃、母は忙しく、その後、弟がお腹にいるときに専業主婦になりました。母は「子どもは甘えさせずに育てれば自立する」と今も信じているので、私たちはそのように育てられました。それまでも、寂しかったのだと思います。弟が生まれてからはなおのこと、私が甘えられないのに目の前でかわいがられている赤ちゃんがいて。今まで以上に目を向けてもらえず、取り残された感じがしました。「私は愛されない」という思いが決定的になったと思います。

母は「お姉ちゃんなんだから」とは言いませんでしたが、「無視する」「諦めるまで放っておく」という方法をとりました。

まだ小さいので役に立てず、目も向けてもらえず。自分は愛されない、必要じゃないと感じていたと思います。

その頃のことを思い返していたら、弟が生まれた後に、母の友人数人が出産のお祝いのため、家を訪ね来たときのことを思い出しました。赤ちゃんに会いに来たのだから当然ですが、みんな関心があるのは弟だけ。私の前を通り過ぎて、母と赤ちゃんを囲んでワイワイしているのを、離れて見ている自分がいました。自分はその場にいないような感じ、悲しい気持ちが思い出されました。

私はインチャに何を言ってあげていいかわからず、ただ抱きしめていたら「私もここにいるんだよ!!」と、叫んでいるような感じがしました。

そうか！　ここにいるよー！　って言いたかったんだと、初めて気がついたのです。なるべく、忙しい母の邪魔をしないよう、いつも離れて遊んでいました。自分では一人遊びが好きだったと思っていたけれど、本当は「私はここにいるよ!!」と言いたかったんだと思ったら、少し泣けました。

翌日、もう一度そのときのインチャに会ってみようと思いました。

この宿題を取り組むにあたって、「悲しみ」があまりピンと来なかったので数日間、ネイチュミュア（Nat-m.／岩塩）のレメディー（注　ネイチュミュアは、自分の存在が他の人に迷惑をかけると信じているレメディー）をとりました。「私はここにいるよ」と言っているインチャを感じたら、なんだか大声で泣きたくなりました。

インチャと一緒に泣きながら「もっと私を見て！」「私はここにいるよ!!」といつも言いたかったんだね。「寂しかったね。悲しかったね。もっともっと目を向けてほしかったね。まだ小さいのだから役に立たなくていいんだよ。甘えたっていいんだよ。いつも側にいるからね。いつもあなたを愛しているよ」と話しかけました。

自分の中に、こんなに大きな悲しみがあったんだな……としみじみ思い、抑圧した感情というものをあらためて実感しました。

Bさんの回答

父に対して怒っている夢をみました。旅行中に突然、私だけ車の外に出され、なにも告げずに父と母はどこかに行ってしまいました。呆然として立ち尽くしていたのですが、父の姿を見つけ、追いかけて文句を言いました。

「どうして、私を置いて行ってしまうのか。声をかけてくれればいいのに、どうして黙って行ってしまうのか。ひどいじゃないか」一生懸命訴えても、父は目も合わさず、聞いてくれません。

ますます腹が立って、近くにいた見知らぬ人にも訴えると、みんな散り散りに逃げていきます。怒っている私の主張に、誰も耳を傾けてくれないし逃げてしまう。父も謝らないし、改善もしない。「ひとりにしないでよ！　ちゃんと声をかけて！　私はここにいるんだから!!」と叫んだところで目が覚めました。

これはインチャの叫びだと思ったので、夢の中の私に声をかけました。「置き去りにされて怖かったよね（泣）。無視しないでほしいよね。ちゃんと応えてほしいんだよね。大丈夫だよ。そばにいるから。置いていかないよ。一緒に行こう。安心して。私はいつもあなたと一緒。置いていかないよ」

存在を無視されることへの悲しみがありました。「私なんていなくてもいい、両親にとってはどうでもいい存在だ。悲しかろうが、不安に感じようが、配慮なんてしてもらえない。気持ちを訴えても聞いてもらえない。私はどうでもいい存在なんだ」という価値観がありました。

その時に思い出したのは、ディズニーランドで私一人だけが家族とはぐれたことでした。閉園前、おみやげ売り場で商品を見ているうちに、目の端にいた母と弟の姿が見えなくなりました。ハッとしてまわりを見回したのですが、母と弟の姿も、父の姿もありません。「あー、ひとりはぐれてしまった……こんなにたくさん人がいる中で会える気がしない。動かないほうがいいかな」当時私は中学生だったので、比較的冷静に考えていました。

どれくらいの時間が経ったのかはわかりませんが、ばったり会うことができました。3人は慌てて探した風もなく、あーここにいたのという感じでした。いつもこうだなと思いました。どこか出かけるとき、母はいつも弟に貼りついていて、父はひとりでフラフラ。私の動きを気にかける人はおらず、ちょっとの隙にはぐれてしまう。いつもこうだからと、私は諦めていました。

言ってもしかたがない。どうせ変わらないし、無駄なんだ。夢の中で父に怒っていたのは、母が弟を見ているなら、父が私のことを見てくれればいいじゃないか！　という思いがあったからではないかと思います。

母のことは諦めたけど、父は私を見て欲しかった。でも結局、見てくれなかった。そして私はいつもひとりぼっちになる。両親にとって、私はどうでもいい存在なんだ、ということを感じたくなくて、この悲しみを抑圧していました。

私は誰にも必要とされていない、誰にも愛されてないことを感じたくなかったのです。そうやって感情を抑圧することで、私自身が、自分のインチャを置き去りにしてきたことに気づきました。それも、何度も何度も……。

中学生の私に声をかけました。ごめんね。ごめんね。ごめんね。置き去りにしてごめんね。いままでずっと、放ったらかしでごめんね。本当にごめんね。中学生の私を抱きしめました。何も言いませんでした。ずっと泣いていました。もう置き去りにしないから。私は私とずっと一緒にいるから。無視しないから。気づかなくてごめんね。大事にしなくてごめんね。戻ってきて。一緒に生きよう。

「うん」小さな声が聞こえました。ありがとう。次の日の朝、私は私と一緒に生きるんだ！と、おなかの底から力が湧いてきて、自分の身体に安心感のようなものが満たされているのを感じました。

自分自身が自分を見捨てない、無視しない、ないがしろにしない。これが本当に大事なんだということを実感しました。自分の中の声を、自分が聞く。これができていませんでした。自分と仲良くできなければ、他の誰とも、本当の意味で仲良くできないのだと思います。やっと、スタート地点に立てたように思いました。

第3部　インチャ癒し

インチャ癒しの概説

インチャ癒しというものは、抑圧した感情と価値観の解放のことです。最終的には、悲しみの感情の解放と愛される条件（『優れていることが善』＝『良い子・できる子・見た目が良い子・勝(まさ)ってる子が善』という価値観）を解放することで、終結します。

感情は、抑圧されるたびに新しい感情が生じるため、階層構造になっています。また、インチャは抑圧された感情ですから、インチャも階層構造に、そして感情の中に価値観も含まれるので、価値観も階層構造になっています（第2部参照）。

インチャの階層構造が形成された過程と逆の過程を経て、感情を解放していく必要があります（【表3参照】）。起点は今感じている感情です。今、恨んでいるのであれば「恨み」、今、怒っているのであれば「怒り」のインチャの感情を解放することから始めます。いずれにせよ、日常生活の中で感情が生じたら、そこが起点であり、上昇（インチャの感情の解放）か下降（感情の抑圧によるインチャの形成）かの分かれ目となります。

第1段階…<……<……第3段階……<……第6段階…<…第7段階

「善」とする価値観	インチャ	願い	マヤズム
服従する	服従するしかない恨み	良い子になってやる	――
負ける	負けるしかない無力感	どうせ負けです	＝癌
戦わない	負けたくない怒り	戦いたくない	＝結核②
戦う	戦いたい怒り	打ち負かしたい	＝梅毒
競争しない	負けたくない恐れ	独特でいたい	＝結核①
勝つ	勝りたい恐れ	褒められたい	＝淋病③
優れている	優れたい恐れ	認めて	＝淋病②
愛される	愛されたい悲しみ	許して	＝淋病①
無条件に愛される	自分の価値への疑い	否定しないで	＝疥癬④
大事にされる	嫌だ、大事にされたい	大事にして	＝疥癬③
好きなことをする	嫌だ、好きなことをしたい	好きなことをさせて	＝疥癬②
快適である	嫌だ、快適でいたい	快適でいたい	＝疥癬①
休息する	嫌だ、何もしたくない	休みたい	＝癩病
生き続ける	生き延びたい恐怖	死にたくない	＝腸内細菌

【表3】 インチャの階層一覧表

駄目な自分から逃げ続けるたびに、心の病気と魂の病気は重く深くなっていきます。恐れ・怒り・無力感・恨みの感情自体が、すでに慢性の感情なのです。拒否・疑いの恐れ・悲しみまでが急性の感情と言えます。ですから、恐れ・怒り・無力感・恨みという慢性の感情は、急性の悲しみの感情に戻していくことが必要になります。

『泣いては駄目』『恐がっては駄目』『怒っては駄目』などの感情を否定する価値観による縛りが強いために、イメージとはいえ、感情の解放が思うようにできないときは、その価値観によって作られたインチャ癒しを先にやった方がよいかもしれません（第1部　本当の願いは何？　67ページ参照）。

各感情の解放を行ったら、最終的には、悲しみの感情に戻らなければなりません。悲しみの感情に戻るためには、駄目な自分に戻らなければならず、駄目な自分に戻るためには、駄目な自分を認識しなければなりません。駄目な自分を認識するためには、認識できるような出来事を必要とします。否定される出来事や未熟さ・弱さ・愚かさ・駄目さを痛感するような出来事です。

自分を否定する出来事に遭遇した場合、人は次のいずれかの行動をとります。

①自分の未熟さを認めて許しを求める＝悲しみ
②自分の未熟さから逃げて頑張ろうとする＝恐れ
③自分の未熟さから逃げて頑張ることからも逃げて戦おうとする＝怒り
④自分の未熟さから逃げて頑張ることからも逃げて戦うことからも逃げる＝無力感

怒りの段階にある人は、怒りに耐え、自分の未熟さを認めることで（負けることで）、対抗価値観を解放し、駄目な自分に戻ることができます。しかし、怒りが強い人にとっては、とても苦しいことです。ですから、苦しみを減らすためには、過去の抑圧した怒りをできるだけ解放しておくことです。怒りの感情の解放は、イメージの中で相手と戦うことを決意し、戦うことから逃げず、相手に怒りをぶつけるのです。相手を罵ったり打ちのめしたり、こてんぱんにやっつけるのです。そして最後に、相手に土下座させて謝らせます。これがインチャの怒りの解放です。

このように、怒りを解放することで、怒りに耐え、自分の未熟さを認められるようになっていきます。

恐れの段階にある人は、恐れに耐え、自分の未熟さを認めることで、駄目な自分に戻ることができます。しかし、恐れが強い人にとっては、とても恐いことです。ですから、恐れを減らすためには、過去の抑圧した恐れをできるだけ解放しておきましょう。恐れの感情の解放は、イメージの中で頑張ることを決意し、頑張ることから逃げず（安易に怒りに逃げず）、失敗した場面、馬鹿にされた場面、評価されなかった場面を思い出し、良い子・できる子・見た目の良い子・勝ってる子となって、親や周りから評価される、認められるイメージを重ねるのです。これがインチャの恐れの解放です。

このように、恐れを解放することで恐れに耐え、自分の未熟さを認められるようになっていきます。

自分を否定される出来事に遭遇したら、駄目な自分から逃げず、駄目な自分を認める勇気が必要となります。駄目な自分を認めることで、急性の感情である悲しみに戻ることができます。悲しみの感情に戻れたら今度は、悲しみの感情を解放しなければなりません。

悲しみの感情は、自分が駄目であることを許してと、泣いて許しを求めることで解放されます。

あなたは、親から愛されるための条件で否定され、悲しんでいたのです。泣きたかったのです。そして、許してほしかったのです。しかし、許してもらえなかったから、悲しみの、愛されたい（許されたい）インチャとなってしまったのです。だから、駄目な自分を受け入れ、許し、無条件に愛することで、インチャは救われ、愛される条件を手放していけるのです。

許されるためには、まず、許しを求めなければなりません。それが、愛されたいインチャの感情（悲しみ）の解放です。親に許してほしかった、本当は、泣きたかったのです。「お母さんに迷惑をかける僕は良い子じゃないけれど、そんな僕を愛してほしい」「ピアノが全然できるようにならないけど、そんな私を許してほしい」「見た目がかわいくないけど、そんな私を受け入れてほしい」と泣きながら許しを求めたかったのです。だから、イメージの中で、親に悲しみを表現します。そして親から許されるイメージを繰り返します。

愛されるための条件を解放するには、その条件で否定された、駄目な自分が許されなければなりません。そして、駄目な自分が許されることで、悲しみの、愛されたいインチャの願いが叶い、駄目と判断された愛されるための条件を解放できるのです。

悲しみの感情は、愛される条件を排出するための感情です。駄目な自分を許してもらうための感情ということです。許すことは愛です。駄目な自分が愛されることで、愛される条件を解放でき、インチャが救われるのです。だからこそ、悲しみの感情に戻ることが大切なのです。

駄目な自分を許してくれるのは、最初に自分を駄目だと言った人（主に親）です。イメージの中で、その人に許しを求め、その人が許してくれることで癒されます。小さい頃の自分が許された感覚を得ることで、愛される条件も解放できます。

このように、最終的には悲しみの感情の解放と許しが、愛される条件（『優れていることが善』＝『良い子・できる子・見た目の良い子・勝ってる子が善』というこの世的価値観）を解放する鍵（魂の病気を治療する鍵）となるのです。

自力と他力

親がとても厳しい人である、親に嫌われていたなど……。親から褒められる、評価される、駄目な自分が許される、駄目な自分が愛されるなど、とてもじゃないがイメージできないという人は、大人の自分が小さい頃の駄目な自分（インチャ）を褒め、評価し、認め、許し、受け入れ、愛していくことをイメージしてください。そうすることで、あなたは愛を大きくしていくことができます。許すことは愛ですから、駄目な自分をどんどん許していくことで、愛を広げていけるのです。

私たちの魂の目的は、全てを愛することです。否定され続けた人は、必然的に、許さなければならないものも多く、ハードルも高くなります。だからこそ、魂の輝きを取り戻す可能性も大きいのです。親に嫌われ殺されかけた自分、虐待を受けて存在を否定されていた自分、生きている価値もない自分、そんな自分を許していけるほどの愛を、求められているのです。自分には無理だと思うかもしれませんが、その愛はもともと、あなたがもっているもの。あなたの魂は本当に、優しい優しい愛そのものの存在なのです。

これが自力の道です。

自分で自分を許せない、愛せないという人は、神仏にお願いするとよいでしょう。神仏に褒めてもらい、評価してもらい、認めてもらい、許してもらい、受け入れてもらい、愛してもらうのです。神仏はどんな人でも許し、受け入れ、愛してくれます。生まれた土地の神社の神様（産土神（うぶすながみ））や、先祖のお墓があるお寺のご本尊などは、ご縁があったりします。あるいは、阿弥陀様でもいいし、お釈迦様でも、文殊菩薩様でもいいです。気に入った仏様に許されるイメージをすればよいのです。イエス様でもマリア様でもいいです。小さい頃の駄目な自分が許された感覚をもつことが大事です。これは、救済を求めるということ。

これが他力の道です。

自分で駄目な自分を許し愛していく道、神仏に駄目な自分を許し愛してもらう道、そうして、親からもらえなかった無条件の愛を知ることで、自分と他者に愛を発信できる人間になっていきます。

本当の勇気と本当の自信

怒りの奥には恐れがあります。駄目な自分に直面することへの恐れです。自分が怒っているとき、今自分は、駄目な自分に直面しないよう対抗価値観を作り、怒りで抵抗しているのだと認識することです。もし、自分は駄目だとしっかり認められれば、怒りで自分を防御する必要がなくなり、対抗価値観を手放せるのです。そして恐れがなくなれば、きちんと現実の自分を直視でき、自分の弱い部分を強くしていくことができます。

自分を否定されたとき、負けて悔しいときは、本当に負けてみることです。自分は駄目だと認めてみることです。自分の駄目さ、未熟さ、弱さ、無能さを真正面から認めること、それが、本当の勇気です。駄目な自分から逃げて、優れた人間になろうと頑張ることも、対抗価値観により自分は優れた人間であると主張し戦うことも、勇気ではないのです（もっとも、戦うことから逃げている人は戦うことが勇気になります）。もともと駄目だった、駄目な自分に戻る必要があるのです。そんな駄目な自分を受け入れ、許すことができたら、何も恐れる必要はありません。それが、本当の自信というものです。頑張っている限り、どんなに優れたとしても、本当の自信をもつことはできないのです。

インチャ癒しのまとめ

インチャ癒しの流れを次のようにまとめます。

ステップ0　感情が生じる出来事に遭遇する
ステップ1　感情の自覚（感情を感じる）
ステップ2　大人の自分とインチャの分離
　（今の感情はどこから来ているのか、自分に問いかける）
ステップ3　感情に耐え、共感をもって、感情を感じ切る
ステップ4　過去に同じような感情が出た出来事を思い出す（なるべく幼い頃の出来事）
ステップ5　過去のインチャの怒り・恐れを解放し（イメージの中で行動させ）
　インチャの願いを叶える
ステップ6　駄目な自分を認め、悲しみに戻る
ステップ7　過去のインチャの悲しみを解放し、駄目な自分が許しを求める（謝る）
ステップ8　駄目な自分を許す（駄目な自分が許される）

ステップ0　感情が生じる出来事に遭遇する

大人の感情のほとんどはインチャの感情ですから、感情が生じたとき、インチャを癒す契機とします。感情が生じるためには、インチャの感情を投影する人や状況を必要とします。インチャを真剣に癒そうと思うなら、人にまみれて生きるのが最善です。

ステップ1　感情の自覚

感情が生じているとき、感情を自覚できるようになることが第一です。

普段からいらいらしている人は、慢性的に怒っていることがわかりません。急性的に怒りが生じているときでも、怒ることが日常となっている人は、怒っている自覚がなかったりします。あるいは、自覚があっても、相手が悪い、怒って当然と片付けて、自分を見つめ返しません。

日頃から頑張っている人は、慢性的に恐れている自覚がありません。急性的に恐れが生じているときでも、恐れることが日常となっている人は、恐れている自覚がなかったりします。あるいは、恐れている自覚があっても、恐いものはしかたがないと片付けて、自分を見つめ返しません。

悲しむことが当たり前になっている人は、悲しんでいる自覚がなかったりします。悲しんでいる自覚があっても、自分が駄目だからしかたがないと片付けて、自分を見つめ返しません。

感情が生じていても、自覚できないことが多くあります。自分は今、感情が生じているのではないかと疑いをもつ、そうして、感情（心の乱れ）に敏感になることが大事です。

感情を自覚しても、当然のことだと片付けてしまう人は、どんな些細な感情であろうと、感情は心の急性病であり、感情が生じることは異常なことであると、肝に銘じておきましょう。

感情が生じることは、インチャ（未解決な感情）がありますよというメッセージであり、この世的価値観に感染していますよというメッセージです。駄目な自分から逃げていますよというメッセージでもあり、自分を許していないことがありますよというメッセージなのです。自分を許していれば、相手のどんな言葉や態度にも引っかかることはなく、感情が生じることもありません。

ステップ2　大人の自分とインチャの分離

私たち大人に生じる感情は、ほぼ全て、インチャが感じている感情です。感情が生じたとき、この感情はインチャの感情であって、今の自分の感情ではないことを自覚します。過去の抑圧した感情、未解決な感情を感じているのだと自覚し、目の前の出来事は、過去の出来事を投影しているだけであるとの自覚が大事です。

「そうは言っても、どうしても、今の自分が苦しいと思ってしまう」と言いたくなる気持ちはわかりますが、実際に苦しんでいるのはインチャです。これはインチャの感情、苦しみであると理解し、インチャが助けを求めているのだと、まずは頭で理解しましょう。

大人の自分とインチャを分離することで、自分を客観的に観察することが可能となります。そうしてはじめて、共感をもって感情を感じることができるのです。

ステップ３　感情に耐え、共感をもって、感情を感じ切る

感情を自覚し、大人の自分とインチャを分離したら、相手に直接感情を出さず、耐えましょう。感情を感じ切るため、苦しんでいるインチャを救うために、この感情に耐え、感じ切ってみようと決意するのです。

感情に耐え、感じ切るのは本当に苦しいことですが、あえてこちらから積極的に、感情を感じ切る！　ぐらいの気概をもった方がよいです。苦しみを受け入れるのです。ある種、開き直りのような勇気が必要です。

このように、感情を感じ切るためにあえて感情を我慢することは、感情の抑圧にはなりません。むしろ、感情を感じ切ることは、感情の解放に繋がることなのです。

大人の自分とインチャを分離して、できるだけ客観的に、感情を見つめるような感覚で感じます。なるべくインチャに共感するように、寄り添うように、感情を感じるのです。共感できれば、インチャを慰めてあげようと、自分に優しくなれるはずです。

最初のうちは感情に巻き込まれてしまい、客観的に感じることは難しいかもしれませんが、徐々にできるようになります。

どうしても冷静でいられず、我を忘れ感情に巻き込まれてしまう人は、まず、イメージの中で、感情に耐える練習をしてください。たとえば、怒りの感情に巻き込まれて冷静でいられないなら、あえて、怒りが出てくるような出来事をイメージし、その中で、怒りに耐え、共感するように感じてみる練習をします。

このように、現実の中で生じる感情や、イメージの中で生じる感情はインチャの感情であると認識し、感情を感じているうちに、インチャはこんなにも悲しんでいるんだ、恐れているんだ、怒っているんだ、苦しんでいるんだと、実感できます。いずれ、心から共感できるようになっていきます。

インチャ癒しで大事なことは、インチャの苦しみに、いかに共感してあげられるかです。インチャは苦しみそのものだと言いました。苦しみそのものであるインチャが求めているものは何か？　それは「自分の苦しみをわかってほしい！」です。共感してほしいのです。ですから、共感をもって感じることが何よりも大切なのです。

苦しみの感情からは、誰もが逃げたくなることでしょう。感じないように、気を紛らわせたくなります。あるいは感情のままに行動し、楽になりたいと思います。感情を出してしまえば、確かに心は楽になります。しかし、そうして苦しみから逃げても、インチャを救うことはできません。苦しい感情から逃げず、インチャに寄り添い、その苦しみを共に感じてあげること。そして、インチャの苦しみを理解しようと感情を感じ切ることで、インチャは確実に癒されていきます。苦しかったね、辛かったねと声をかけてあげること、それによって、インチャは救われるのです。

インチャに声かけをすると、大人の自分とインチャの自分の分離が進み、共感しやすくなるのでおすすめします。インチャの気持ちに共感しているうち、インチャの気持ちがわかるようになってきます。わかってきたら、言葉にして表現し、共感します。こんなにも怒りたかったんだね、こんなにも大事にしてほしかったんだねなどと、声かけしてあげましょう。

このように、今の感情をインチャの感情と認識し、インチャの苦しみに寄り添い、共感をもって苦しみの感情を感じ切ることは、インチャ癒しにおいて重要なポイントです。それが苦しみに耐えるということであり、苦しみに耐えることで確実に、インチャは楽になっていくのです。

感情を感じ切ることにおいて、今現在、苦しみがない状態では、過去の自分を思い出し、苦しみを感じようとしても、なかなかうまくいきません。インチャの苦しみに共感しにくいためです。インチャの苦しみを本当に理解し、共感するためには、苦しい出来事が必要なのです。言い換えれば、苦しいときこそインチャの苦しみに共感し、インチャを救えるときなのです。

ステップ4　過去に同じような感情が出た出来事を思い出す

共感をもってインチャの苦しみを感じながら、過去にも、似た状況で感情が生じなかったか、感情を我慢したことはなかったか、あるいは、同じような苦しみを感じたことはなかったかを探ります。苦しかったね、辛かったねとインチャに声をかけることで、過去の辛く苦しい出来事が自然と思い出されてきます。今の感情をしっかり感じ切る、真正面から受け止めることで、似たような過去の状況を思い出しやすくなるのです。過去の出来事が思い浮かばなければ、目の前の出来事の、どこに心が乱されているのかを考えてみてください。たとえば、怒りであれば、相手のどこに怒りを感じるのかを考えてみます。

すると、馬鹿にされたから、見下されたから、思い通りにならなかったから、自分の意見を否定したから、尊敬しなかったからなどの理由がわかってくることでしょう。

理由がわかったら次に、馬鹿にされた過去の出来事がなかったか探ります。

それでも思い出さないときは、インチャに問いかけてください。何がそんなに悲しいの？　何がそんなに恐いの？　何がそんなに腹立たしいの？　と。次第に、過去の辛い出来事が思い出されてきます。脳には全ての記憶があり覚えていますから、なかなか思い出さなくても、辛抱強くインチャに問いかけることで、いつかは思い出すでしょう。

ただし、胎児や赤ん坊のインチャ、前世のインチャ、あるいは、親や先祖のインチャの移入という場合もありますから、必ず思い出すとは限りません。どうしても思い出せないときは、こんなことがあったのではないかと、想像でも構いません。

たとえば、絶望的な気持ちになってしまう、自分に存在価値があるとは思えない、見捨てられることへの恐れが強い、しかし、そのインチャを思い出せないときは、胎児のときに親が堕ろそうとしたのではないかとか、赤ん坊のときに捨てられかけたのではないかと想像し、イメージしてみるのです。当たらずとも、似たようなことがあれば、インチャは癒せるのです。親や兄弟に、自分が小さい頃の話を聞くのもいいでしょう。

ステップ5　過去のインチャの怒り・恐れを解放し、インチャの願いを叶える

過去の出来事やインチャの感情を思い出したら、イメージの中で、当時抑圧した感情を出しましょう。

感情は価値観を含んでおり、必ず、願いをもっています。その願いを行動に移せなかったために、インチャとなったのです。また、行動に移してもインチャの願いが実現しなかったため、未解決な欲（インチャ）となったのです。

ですから、この未解決な願い（未解決な欲）をイメージの中で叶えてあげます。願いを叶えるためには、感情のままに行動させます。これが、インチャの感情の解放です。

次に、行動の結果、願いが叶うようにイメージします。これが、インチャの願いを叶えるということです。

①イメージの中で、インチャの感情のままに行動し、②願いを叶える。これが抑圧した感情の解放であり、インチャ癒しです。感情の解放は、行動を伴わなければ本当の解放にはなりません。感情と障害を取り除くための行動は、一体だからです。

ステップ5—1　過去のインチャの怒りを解放し、インチャの願いを叶える

相手に否定されたとき、相手を否定したいとき、相手に勝ちたいとき、相手を打ち負かしたいとき、プライドを取り戻したいときに生じた怒り、その過去の未解決である怒りを、イメージの中で思う存分、相手にぶつけます。相手を罵ったり、馬鹿にしたり、殴ったり、蹴飛ばしたり、何をしても構いません。インチャの感情のまま、正直に行動させましょう。

これが、怒りの感情の解放になります。

怒りのインチャの願いは「相手を屈服させたい」です。ですから、最後は相手を土下座させ、謝らせます。これを気が済むまで何度も何度も繰り返します。

これが、怒りの感情の願いを叶えることです。

怒りが相当溜まっていて、相手を殺すイメージをしなければ気が済まない人は、怒りのままに、相手を殺すイメージをしてもいいのですが、最後は土下座させて謝らせることが必要です。何度も殺して気が済んだら、殺すまではせずに、土下座させて謝らせます。

そういった過去の出来事が他にもあれば、思い出せる限り、同じようにやってみてください（怒りの感情の解放については70ページ参照）。

怒りからの脱却法

どういう状況で、怒りが生じるのでしょうか？

①駄目な相手に対する怒り

何度言っても同じ間違いをする部下に対して、怒りの感情が生じます。口で言ってわからないのであれば、殴ってやろうかとさえ思います。

このとき、怒りに耐え、相手（駄目な部下）は自分自身の投影であると認識する努力をします。

かつてあなたも同じように、何度言われても同じ間違いをして、親や先生から叩かれたこともあるでしょう。できない駄目な自分を責めたことがあったはずです。相手の駄目さ加減、相手の未熟さを、自分自身の中にある駄目さ加減、自分自身の未熟さとしてとらえ、誠に自分は駄目で未熟であると認めることです。自分の未熟さを受け入れ、自分の未熟さを許すのです。自分の未熟さを愛するのです。そして、相手の未熟さを受け入れ、許し、愛するのです。

もし、相手の未熟さの中に自分自身の未熟さを見出し、許すことができたら、このことを教えてくれた相手に対し、心から感謝の気持ちがわき上がってきます。

このように、駄目な相手の中に、自分自身を見出す努力をするのです。自分が責めている相手は自分自身であったと、気づくことが大事です。

②自分を駄目と否定する相手に対する怒り

自分なりに一生懸命頑張っているのに、上司から駄目だと言われると、怒りがこみ上げてきます。その口を黙らせるために、殴ってやろうかとさえ思います。しかし、怒りの感情に逃げるのではなく、そのときこそ踏みとどまって、相手が正しいのではないかと思う努力をします。自分が駄目なのではないか、自分はまだまだ未熟なのではと思う努力をするのです。

徐々に、自分の駄目なところ、未熟なところが見えてきて、誠に自分は駄目で未熟であると認められるはずです。自分の未熟さを受け入れ、許し、愛するのです。

自分は駄目じゃない、未熟じゃないと突っ張っている限りは、駄目な自分、未熟な自分を許すステップに進むことはできません。

未熟な自分を許したら、駄目なままではないかと思うかもしれませんが、未熟な自分を許せば、未熟な自分から逃げるために頑張るのではなく、未熟な自分を認め、改善すべく、よりよい自分になれるよう正しく行動できるのです。それは、障害を障害と見なさないことで、願いを純粋にしていくことです。駄目な自分、未熟な自分を恐れて頑張るうちは、前述の通り、アクセルを踏みながらブレーキを踏んでいる状態、前へは進めません。意志の流れを流せないのです。

もし、自分の駄目さ、未熟さをしっかりと認め、許すことができたら、自分を否定してくれた相手に、心からの感謝の気持ちがわき上がってきます。自分を評価しない人、自分を見下す人、自分を粗末にする人、そんな人たちこそが、あなたを救う人たちなのです。

あなたは心の奥では、自分を評価していないし、自分を見下しているし、自分を粗末にしています。自分は駄目だと信じています。だから頑張っているのです。だから怒って抵抗しているのです。だから駄目な自分を認めないと、自分を許すこともできず、この世的価値観に囚われたまま、苦しむことになります。駄目な自分を突き付ける出来事、自分の未熟さを突き付ける出来事が繰り返し生じるのです。あなたをあざ笑う人、馬鹿にする人、否定する人もまさに、そのためにいるのです。

その実、本当は、自分は駄目だとは思っていません。そこが問題なのです。あなたは本当に駄目なのです。そこを通過しなければ、あなたが駄目ではなくなることも、あなたがあなた自身に戻ることも永遠にないのです。

一方で、自分を否定する相手の中に、自分を見る努力をしましょう。自分もすぐに、人や自分を駄目だと否定するところがあると認識します。そうして、駄目な人を責め、駄目な自分を責めていたと気づくことが大事です。次第に、自分を否定する上司を責める気持ちが消失していきます。自分が戦おうとしている相手が自分自身であったと気づくからです。冷静に、自分を見ることができるようになります。冷静になって見てみると確かに、自分は駄目だと思えてくることでしょう。

③駄目な自分に対する怒り

同じ間違いを繰り返してしまう自分はなんて駄目なんだろう。上司が怒るのも当然だ。こんな自分は社会人失格だなどと、自分を責めてしまいます。

しかし、自分を責めているうちは、本当に自分の駄目さ、未熟さを認めているとは言えません。なぜなら、自分が自分を責めるということは、駄目ではない自分が、駄目な自分を責めるという構図があるからです。もし本当に、自分の駄目さ、未熟さを認めているならば、自分を責めたりはしないでしょう。罪悪感・自己卑下・自己嫌悪など自己否定の感情は、自分に向かう怒りの感情なのです。否定＝怒りなのです。

自分を責めたくなったら、その感情をぐっとこらえ、自分は自分を責めることで怒りに逃げていないか、考えてみてください。駄目な自分に責任を押し付けて、頑張ることや駄目な自分を認めることから逃げていないでしょうか。駄目な自分を認めたくないあまり、無意識のうちに、駄目な自分に責任を押し付けようとしています。勇気をもって自分の駄目さ、未熟さを、真正面から見つめてみる努力をすると、自分の駄目さ、未熟さが見えてきます。見えてからはじめて、自分の駄目さ、未熟さを本当に認められるのです。許すことも可能になります。そして、許すことができたら、自分を駄目としていたこの世的価値観から解放されます。

自分の駄目さ、未熟さを認められれば、今度は、悲しくなるはずです。自分が駄目と言われたり、怒られたりしたことがないか、過去の記憶を探りましょう。そうして、悲しみのインチャを見つける努力をします。

ステップ5―2　過去のインチャの恐れを解放し、インチャの願いを叶える

怒りの背後には必ず恐れがありますから、インチャの怒りを解放し、怒りのインチャを癒したら、何がそんなに恐かったの？　と聞いてみます。

すると、馬鹿にされたこと、見下されたこと、傷つけられたこと、負けたこと、駄目だと言われたこと、否定されたこと、粗末に扱われたこと、評価されなかったこと、認めてもらえなかったこと、がっかりされたこと、悲しませたこと、恐がらせたこと、怒らせたことが恐かったなどと言うでしょう。良い子、できる子、見た目の良い子、勝ってる子になれないことが、恐かったのです。

イメージで、恐かったね、本当によく頑張ってきた、偉いよと共感し、声かけをします。この世的価値観（愛される条件）とはいえ、その価値観を信じてずっと頑張ってきたのですから、まずは頑張ってきたことを褒めてあげましょう。いきなり「頑張らなくていいんだよ」と声をかけると、頑張ってきたインチャは否定されたと感じてしまいます。

恐れのインチャは褒めてほしくて、評価してほしくて、認めてほしくて頑張っていまし

た。何より、その気持ちをわかってほしい、理解してほしいと思っています。しかし、頑張りきれず、人や駄目な自分のせいにして、怒りに逃げてしまったのです。

頑張ってきたことを認めて、褒めた後に、インチャの恐れの感情を解放します。

まず、過去の未解決な、恐れの感情を生じさせた出来事や、インチャの感情を思い出しましょう。恐れは、過去に良い子・できる子・見た目の良い子・勝ってる子であることを示せずに失敗した、笑われた、馬鹿にされた、悲しませた、怒らせた、要するに、駄目な子と評価されたことにより生じる感情です。失敗した駄目な自分から逃げようとする感情なのです。ですから、自分が過去に良い子・できる子・見た目が良い子・勝ってる子ではないために失敗した出来事がなかったか、笑われた、馬鹿にされた、失望させた、怒らせた出来事がなかったか、探ってみるのです。

未解決な感情を思い出せたら次に、恐れの感情のままに良い子・できる子・見た目が良い子・勝ってる子であることを示せるよう、一生懸命に頑張るイメージをします。失敗した場面をイメージして、再チャレンジさせるのです。イメージの中で、失敗することなく、完璧にやり遂げるイメージができるまで、何度でも繰り返し行います。

たとえば、授業参観日に答えられず失敗して、親に恥をかかせたと怒られた経験があれば、イメージの中で完璧な回答をさせるわけです。納得がいくまで優秀な自分をイメージし、駄目な自分から逃げる行動をさせるのです。

これが、恐れの感情の解放になります。

そして、恐れのインチャは、良い子・できる子・見た目が良い子・勝ってる子であることを、親や周囲に認めてもらいたい、評価してもらいたいのです。ですから、失敗することなく完璧にやり遂げるイメージの後は、親や周囲に良い子・できる子・見た目の良い子・勝ってる子と認められ、評価され、すごい！　と言われるところをイメージします。さきほどの例で言えば、授業参観日に完璧な回答をし、周りの親からもすごいなーと賞賛され、親がご満悦なところをイメージするわけです。

これが、恐れの感情の願いを叶えることになります。

過去の出来事が他にもあれば、思い出せる限り同じようにやってみてください。

ステップ6　駄目な自分を認め、悲しみに戻る

怒りの感情をある程度解放できたら、自分はもともと優れた子ではなかった事実を、勇気をもって認めます。駄目な自分に直面することが恐くて、駄目な自分から逃げ、頑張ることからも逃げて、怒りで戦っていたと認めます。駄目な自分を認めるということは、対抗価値観を手放すということです。対抗価値観を解放し、駄目な自分を認めることで恐れ、あるいは悲しみの感情に移行できます。

恐れの感情をある程度解放できたら、自分はもともと優れた子ではなかった事実を、勇気をもって認めます。駄目な自分に直面することが恐くて、逃げて頑張ってきたことを認めるようにします。ありのままの自分を見ることを恐れている自分が、自分は駄目と認めることは、自分自身を見ることであり、自分が自分を正しく見ることができたとき、夢は破れます。同種療法（ホメオパシー）の極意です。恐れのインチャは消え去り、悲しみのインチャに戻ることができます。怒りの感情も結局は、駄目な自分から逃げて戦っているわけですから、駄目な自分を正しく見ることができたなら、怒りのインチャも恐れのインチャも同時に消滅し、悲しみのインチャに戻ることができます。

ステップ7　過去のインチャの悲しみを解放し、駄目な自分が許しを求める

恐れの背後には必ず悲しみがあります。インチャの恐れを解放し、恐れのインチャを癒したら、何がそんなに悲しかったの？　と聞いてみましょう。

すると、馬鹿にされたこと、見下されたこと、傷つけられたこと、負けたこと、駄目だと言われたこと、否定されたこと、粗末に扱われたこと、がっかりされたこと、悲しませたこと、恐がらせたこと、怒らせたことが悲しかったなどと言うでしょう。悪い子・できない子・見た目の悪い子・劣ってる子で、愛されなかったことが悲しかったのです。

『良い子・できる子・見た目がよい子・勝ってる子が善』という条件付きの愛で否定された未解決の出来事を思い出し、イメージの中で悲しかったね、辛かったね、本当に苦しかったねと共感し、声かけをします。泣きたかったよね、駄目な自分を許してほしかったよね、受け入れてほしかったよね、愛してほしかったよね、と。

インチャは、駄目な自分でも愛してほしかった、許してほしかった、大事にしてほしかったという気持ちをわかってほしいと願っています。でも、許されず、受け入れられず、愛されないので、恐れに逃げて頑張ってきてしまったのです。

また、悲しみのインチャは許してもらうために、謝りたいと思っていることもあるでしょう。駄目で愛される価値のない自分、こんな自分でごめんなさい、この世的価値観で優れたい、親に喜んでほしいと思っているのに、こんな駄目な自分でごめんなさいと思っているのです。

君は父にのろまと怒られたけど、だからこそ、父の願いを叶えてあげたいと一生懸命頑張ったよね。のろまにならないように頑張ったよね。君は怒りで父に抵抗していたけれど、どんな子も、親を喜ばせたいと思っているんだよ。親の価値観で良い子・できる子・見た目の良い子・勝ってる子になりたいと思っているんだよ。この願いがなくなることなんてないのだよ。その願いを叶えてあげられない自分を許していないのだよ。

思い出してごらん、母の願いを、父の願いを。君はそれを実現したいと思ったはずなんだ。だけどできなかったから、悲しかったよね、一生懸命頑張ったよね、できずに怒って抵抗したよね。できずにそんな自分を責めたよね。

そんな自分を、一人一人認めてよくやった、よく頑張ったと褒めてくれないだろうか。インチャと共に怒ってくれないだろうか。そして共に泣いてくれないだろうか。よう頑張った本当に頑張った、辛かったなぁ、苦しかったなぁ、でも君はもう十分頑張った。ここらで自分を許してあげようじゃないか。君は頑張ったけれど、親の考える優れた子にはなれなかったのだから。でも、そんな駄目な自分を許していこうじゃないか。

そのためにも、父や母に謝ってみようじゃないか。僕はわがままで良い子ではなくてごめんなさい。僕は勉強ができず、のろまで手伝うこともできず、無能でごめんなさい。私はかわいくなくてごめんなさい。そんな私を許してと謝って、泣いて許しを求めるイメージをします。

これが、悲しみの感情の解放になります。

ステップ8　駄目な自分を許す

悲しみのインチャの願いは、悪い子・できない子・見た目が悪い子・劣ってる子で駄目な子だけど、許してほしい、受け入れてほしい、愛してほしいことです。ですから最後は、親が許し、受け入れ、愛してくれるイメージをしましょう。イメージの中で、愛されたい悲しみのインチャの願いを叶えてあげるようにします。

これが、悲しみの感情の願いを叶えることです。

過去の出来事が他にもあれば、思い出せる限り、同じようにやってみてください。

親から愛されなかった、悲しみの愛されたいインチャが、親から無条件に愛されることによって（許されることによって）、愛されるための条件で否定されたトラウマが解消します。『良い子・できる子・見た目が良い子・勝ってる子が善』というこの世的価値観（愛される条件）を外し、インチャ癒しを完全なものにできるのです。

愛される条件を解放する鍵は悲しみに戻り、駄目な自分が許されることにあります。悲しみに戻るためには、駄目な自分を認めなければなりません。だからこそ、駄目な自分を認められるように、辛く苦しい出来事が生じるのです。

このように、イメージの中で、それぞれのインチャの感情のままに行動させてあげましょう。インチャの願いを一つ一つ叶えてあげることで、感情の解放を達成できます。このイメージ療法は一回だけで終わるのではなく、場面を変えるなどして、何度も何度も繰り返し行うことが大事です。

抑圧した感情とこの世的価値観の解放により、感情が生じることが減り、苦しみが減っていき、生きるのが楽になっていきます。

疑いの恐れの解放

インチャの本当の願いとは、自分を無条件に愛してほしい、許してほしい、です。愛されるための条件で、駄目と否定された自分が許されることで、愛される条件を解放でき、無条件に愛されたいという願いが叶い、疑いの恐れのインチャも癒されます。

しかし「自分は無条件に愛される存在だろうか？」という疑いは、全ての悲しみのインチャを癒さない限り、完全にはなくなりません。ですから、悲しみのインチャを癒しやすくするためにも、自分がどんなに良い子ではなくても、どんなにできる子ではなくても、どんなに見た目が良い子ではなくても、どんなに勝ってる子ではなくても、親や周囲の人が愛してくれる・許してくれるイメージをします。どんなわがままを言っても、人に迷惑をかけても、失敗しても、「いいよ、いいよ」と言われるところをイメージするわけです。実際に、小さい頃に否定された出来事をすべて「いいよ、いいよ」と言われたようにイメージしてもいいし、実際以上のことをイメージして、無条件に愛されている実感・無条件に許されている実感を得るのもいいでしょう。

拒否の感情の解放

そして、インチャの最終的な願いとは、「したいことをしたい」「したくないことはしたくない」「してほしいことをしてほしい」「してほしくないことをしてほしくない」です。

ですから、過去に自分のしたいことを止められた出来事、自分のしたくないことをさせされた出来事、自分がしてほしいことをしてもらえなかった出来事、自分がしてほしくないことをされた出来事を思い出し、「嫌だ、したい」「嫌だ、したくない」「嫌だ、して」「嫌だ、しないで」と思い切り叫びましょう。

イメージの中でその願いを叶えます。

拒否のインチャの願いは、休みたい、面倒なことはしたくない、快適でいたい、大事にされたい、一緒にいたい、甘えたい、好きなことをしたい、楽しいことをしたい、遊びたいです。

たとえば、「嫌だ、大事にして」という嫌だインチャの願いを叶えるには、イメージの中で思う存分、望み通りにします。親から抱っこされる、優しく頭をなでなでされる、体をさすってくれる、髪を梳かしてくれる、体を洗ってくれる、ほっぺにキスしてくれる、全身で包み込むように抱きしめてくれる、優しくにこにこ微笑んで見守ってくれるところをイメージします。何度も繰り返しイメージしていると、身も心もとろけるような感覚が得られるでしょう。

もともと胎児・赤ん坊・幼児は親から無条件に世話をされ、大事にされる存在で、愛を求める必要も、許される必要もない存在だったはずです。だから、それが当然のことだったかのように、無条件に世話し、大事にしてあげるのです。そうすれば、何の不安もなくなり、安らぐことができるでしょう。大人になって、だだをこねることもなくなります。

苦しみを愛に変えていく

苦しい出来事というのは、インチャの存在に気づき、インチャの苦しみを知り、共感し、苦しみを共に感じ切り、インチャの願いを知り、救うために生じます。

だから君の魂は苦しみを求めるのです。神仏が君に苦しみを与えるのです。君に降りかかる苦しみは、愛そのもの。それを知るためにも、インチャ癒しをしなければなりません。嫌いな人、苦手な人に対する思いを、愛と感謝に変えていくために。

インチャを苦しみから救うには、インチャと共鳴するため、同種の苦しみがどうしても必要になります。これは真実です。

苦しみから、苦しみを十分に感じることから逃げている限り、苦しみが繰り返される運命を変えることはできません。

苦しみを苦しみと考えているインチャがいる限り、苦しみは何度でもやってきます。否定しているものを見せるために、信じているこの世的価値観があることを知ってもらうためにです。

自分を否定する価値観を知るためには、自分が駄目だと思う出来事が生じなければなりません。人を否定する価値観を知るためには、人が駄目だと思う出来事が生じなければなりません。そうして、人を否定している価値観で、必ず自分をも否定しています。

だから、否定したものを肯定できるように、価値観を手放せるように、苦しい出来事が生じるのです。君が苦しいのは、その価値観で自分を否定しているから。否定され、苦しんでいるインチャがいるからです。

否定しているものを受け入れ、許し、肯定してはじめて、つまりこの世的価値観を解放してはじめて、否定するものから解放されます。それは、苦しみを苦しみと見なさなくなるということ、否定（抑圧）により分離したインチャを肯定（解放）することで、再び一つになるということです。つまり、駄目な自分を受け入れる・許すということなのです。

運命は、運命を受け入れてこそ変えることができます。そして、インチャを見つめるからこそ、運命を変える力が得られます。この苦しみの運命から逃れようとしている限り、苦しみの運命はあなたに付きまといます。苦しみこそがあなたを救うものだからです。これは、ホメオパシー的哲学です。

かつてあなたは、苦しみと対峙するのを先送りにしたのです。今はまだ自分を許す力（愛）がないから、いつかもう一度苦しみと対峙し、上昇の道を選択するときのためにです。

幼い頃は先送りするのもしかたありません。しかし今なら、苦しみに真正面から向かい合い、乗り越えることができるはずです。

怒りであれば、対抗価値観を外していくことです。負けを認めるのです。自分は大事にされるべきだなどと、もう抵抗しなくてもいいのです。その奥にある、自分は大事にされる価値がないという部分を認めていくのです。駄目な自分、最低の自分を認めていくのです。

インチャ癒しでは、優れた自分を目指すのではなく、駄目な自分、最低の自分を目指すのです。なぜなら、もともと君は最低だったからです。一旦、出発点である、最低な自分に戻る必要があるのです。プライドのある特別な存在(天才)から、努力型の優秀な存在(秀才)に下降し、さらに駄目な存在（凡人）に下降し、存在価値もない自分（最低）まで下降していくのです。優れた自分や特別な自分を目指すことは、その最低な自分から逃げること。この世的に見ると下降だと思えることが、霊的に見ると上昇であり、この世的に見ると上昇だと思えることが、霊的に見ると下降なのです。霊的には上昇し、この世的には下降できるように、自分の駄目さを教えてくれる辛い出来事が生じるのです。

出口が見えない真っ暗闇の中、苦しみの中にいると、絶望し諦めたくなるかもしれません。ですが、その苦しみを感じること、共感することで、確実に出口に近づいているのです。

絶望感は悪いことではありません。あなたはかつて、それを感じていたはずなのですから。この世的価値観で否定され、存在する意味を失ったことがあったのですから。

子どものあなたは、親の価値観で否定され、苦しんでいる自分を救うすべを知りませんでした。でも、今のあなたなら、親の価値観は正しくないと知っていますよね？　自分の本当の価値を知っていますよね？　だから安心して絶望感の中に留まり、インチャの絶望感に寄り添う気持ちで感じてください。苦しいけれども、ここを通過しないかぎり、楽になることはできないのです。

そして、最低の自分に辿り着いたら、後はそんな自分を許すだけです。誰が許さなくても、あなたが許していくのです。それが今ならできるからこそ、苦しい出来事があなたに起きるのです。

あるクライアントさんへの手紙

人から暴力を受けやすいのは、２つの理由があります。

①人から暴力を受けたことによるショック、恐怖、悲しみ、怒りの感情が未解決になっているインチャがいるから。

②人から暴力を受けたため、Ｃさんの中に「人は自分を攻撃してはならない」という価値観があるから。

暴力を受けて恐怖している自分、悲しんでいる自分、怒っている自分がいる限り、無かったことにはできません。だから、そこを見つめられるように、同じような事件が生じます。また「人は自分を攻撃してはならない」という価値観を手放すため、価値観に囚われていることを教えようと、攻撃される出来事が生じます。神様が気づけよ、気づけよと、伝えているのです。

ですから、Cさんがしなければならないことは、今までに受けた暴力の一つ一つを思い出し、そのときの恐怖を感じてあげることです。「恐いよー、恐いよー」と、恐怖の感情を表現させてあげること、悲しみの感情を感じてあげることです。そして「助けてー、許してー、暴力を振るわないでー」と、相手に泣いて許しを求めることです。イメージでよいので、やってみてください。

相手に対する怒りがあれば、怒りをぶつけてみてください。相手を思い切り殴ったり、蹴ったり、土下座させて謝らせるイメージを繰り返してみてください。たとえイメージでも、恐くて自分ではできないならば、強い助っ人を登場させて、ボコボコにしてもらうとよいでしょう。そして、暴力を受ける前に助っ人が現れ、助けてくれて、相手をボコボコにして反省させるイメージをすると、過去を書き換えることができます。

それぞれの場面を思い出し、恐怖、悲しみ、怒りの中で、自分が一番しっくりくる感情から解放してみてください。場面場面によって、解放したい感情が違ってくるかもしれません。また、一つの感情を解放すると、同じ場面でも異なる感情に変わったりします。何度も、何度でも、繰り返しイメージして感情の解放をしてみてください。

母からの暴力が根底にあると思います。そのときの恐れ、悲しみ、怒りの感情が未解決なものとして残っているから、未解決の感情をもう一度感じるられるよう、インチャの存在に気づけるように、同じような出来事が生じてきます。

そして「人は自分を攻撃してはならない」という価値観もまた、幼少期に母から暴力を受けたことで、自分を守るため、その対抗価値観で母と戦っていたのです。そう考えなければ自分を守れないし、生きられなかったということです。

対抗価値観を緩めるためには、母から暴力を受けたときの怒りの感情を解放していく必要があります。母への怒りを自覚して、母に怒りをぶつけてください。母への抑圧した怒り、暴力を振るった人への怒りをある程度解放していったならば、今度は「人は自分を攻撃してはならない」と思うのではなく、「自分は駄目だから、人が自分を攻撃するのも当然ではないか」と考えるようにします。対抗価値観を手放していくのです。自分の駄目さ加減を認めるのは、とても勇気がいることですが、認めなければ、いつまでも怒りにとらわれて、その奥にある悲しみを感じることができません。

実際には「自分が駄目だから、母が自分を攻撃するのは当然である」と、幼い子どものCちゃんは信じているのです。だから一度、そこに戻る必要があるのです。

そして、母に暴力を振るわれるのは、自分が悪いから、自分が駄目だからだと思い、良い子になろうと一生懸命に頑張っていたはずです。そんな自分を見つけて、よく頑張ってきたねと声をかけてください。また、自分が悪いから、自分が駄目だから暴力を振るわれるのだと思い、悲しんでいた自分がいたはずです。そのインチャは、自分は駄目だから、お母さんに暴力を受けて当然な人間だと信じています。そんな自分を見つけて、お母さんに泣いて許しを求めてください。「自分は駄目な人間だけど許して！」と泣いて訴えるのです。お母さんが許してくれる場面がどうしてもイメージできないときは、大人の自分が子どもの自分を許すイメージをしてみてください。どんな形であれ、許されたという感覚を得ることが大事です。

駄目な自分が許されたならば、自分は暴力を受けて当然だという価値観が緩んできます。すると、暴力を受けるような出来事は生じなくなっていきます。

一方で、自分を粗末にしている人は、粗末に扱われるような事件が起きやすくなります。自分には生きている価値がない、大事にされる価値がないなどと思っている自分がいると、正しいことではありませんから、そのことに気づかせるため、粗末に扱われるような事件が起きます。私たちの魂は神の分霊（わけみたま）ですから、神様と同じ尊い魂が宿っています。自分を価値がないと考え、粗末に扱うことは、神様を冒涜することになるのです。自分を価値がないと考えるようになってしまったのも、母から粗末に扱われたことが原因だと思います。だから「人は自分を大事にすべきである」という対抗価値観で、自分を守っていたのです。こちらも同じように、奥底では、「自分は駄目だから大事にされないのは当然である」と思っていますから、自分の駄目さを認めていくことが大事です。いずれ、対抗価値観を手放すことができ、怒りに囚われることがなくなっていきます。

そして、駄目な自分が許されるようにしていけば、自分は粗末に扱われて当然であるという考えも緩んでいきます。

まずは、粗末に扱われた出来事を一つ一つ思い出し、正直な感情を出させてあげてください。嫌な人、意地悪な人は、実はCさんの母や父や兄の反面教師なのです。イメージで彼らに文句を言い、怒ります。粗末に扱う親や兄に対しての怒りが楽になるまでやりましょう。粗末に扱われて悲しかったのです。粗末に扱われたくなかったのです。駄目でも、そんな自分を許して、愛してほしかったのです。最後は、その願いをイメージの中で叶えます。

それには、独りぼっちで絶望しているインチャに寄り添い、絶望して死のうと思っているインチャに共感し、「自分だけはあなたを見捨てない」と言ってあげましょう。こうして自分を愛するようになることです。

今回の頓服のレメディーは、攻撃を受ける、攻撃したい、怒り、憤慨に合うものです。電車に乗るとき50㎖位の水に10滴入れ、自分にスプレーしてください。口にも入れてください。

お大事に。

由井寅子

インチャを癒しにくい例

子どもに接するとき、親の言うことが本音と違っている場合、子どもの潜在意識では親の本音がわかっていますから、顕在意識（自覚している思考の領域＝頭）と潜在意識（無自覚な心の領域＝心）でギャップが生じることがあります。心では親に愛されていないと思っているのに、頭では、自分は親に愛されていたと考えるためインチャ癒しがなかなかできません。

子どもの顕在意識と潜在意識にギャップが生じるパターンとして、次の４つがあります。

①親の考える、優れた子の条件に合わない子の場合　＆　親がそれを口に出して言わない場合

これは特に、見た目の悪い子の場合に当てはまります。たとえば、女の子なんかほしくなかった、男の子なんかほしくなかった、この子私よりかわいいわ許せない（嫉妬）、この子醜いわね、不細工ね、この子の目が嫌い、鼻が嫌い、顔が嫌い、この子の存在自体が恥ずかしい……など。このように、我が子の見た目を否定することは、なかなか口に出して言えなかったりします。他にも、どうしてこの子はこんなに頭が悪いんだろう、この子は本当に臆病で情けない、この子は本当にわがままで駄目だなどと思っています。

②親が子どもを無条件に嫌っている場合　＆　親がそれを隠している場合

親といっても人の子ですから、我が子とはいえ、無条件に嫌いなこともあります。たとえば、なんだかこの子が嫌いなのよね、よくわからないけどこの子と一緒にいたくないのよね、子育て面倒くさいな、子どもが嫌い、子どもがうざい、この子さえいなければいいのに、この子死んでくれたらいいのに、この子産まなきゃよかった……など。親として、このようなことを口に出すわけにもいかず、隠そうとします。

③親の考える、優れた子の条件に合わない子の場合　＆　親にその自覚がない場合

（①の親に自覚がない場合）

④親が子どもを無条件に嫌っている場合　＆　親にその自覚がない場合

（②の親に自覚のない場合）

この①〜④は冗談でなく、よくあることなのです。これこそが、問題の根源だったりするのです。

親が、子どもに対する否定的な思いを言葉にしていれば、子どもも親に嫌われていると認識でき、インチャ癒しもできますが、言葉にしていない場合、顕在意識レベル（子どもが認識できるレベル）で伝わることもあれば、潜在意識レベル（子どもが認識できないレベル）で伝わることもあります。

子どもが認識できるレベルであれば、顕在意識と潜在意識の認識が一致し、インチャ癒しができますが、子どもが認識できないレベルで否定感を感じると、顕在意識と潜在意識の認識にずれが生じ、インチャ癒しが難しくなります。③、④のように、親自身が子どもに対する否定的な気持ちを自覚できずにいた場合、つまり、無自覚に嫌っていた場合はなおさらです。

頭では「親は私を一生懸命愛してくれた」と考えているため、インチャが見つけられません。実際は、親に嫌われていたことを心では知っているため傷ついていますが、その傷も意識できないのです。

私のように、存在自体を否定されてきた人（親から無条件に嫌われた人）は、本当に辛い人生で、インチャ満載になりますが、インチャが明確なのでインチャ癒しはできます。しかし、自覚ができていない場合、まずは自覚しないことには、インチャ癒しはできません（もちろん、生じる感情を、共感をもって感じ切ることで、ある程度は癒せます）。

ですから、自覚できるよう、もしかしたら自分は親に嫌われていたんじゃないか？と疑うことが大事です。もし親に嫌われていることを実感できたら、本当に、大きな気づきとなります。条件付きで嫌われていたのなら、親の価値観で駄目な自分を許し、愛していくことで、癒すことができます。

無条件で嫌われていたり、存在自体を否定されていたら、自分は存在価値がないと信じているインチャが必ずいます。つまり、自分は死ぬべきだと信じているインチャが必ずいるのです。そして、自分が生きていることに恐れ・怒り・罪悪感・無力感・罰を受けているような気持ちになり、最後は、生きていることに絶望し、虚無に行くか自殺してしまいます。虚無にいる人を救うことは大変ですが可能です。虚無や、虚無にいるインチャ癒しについては、霊性が関係してくるので、この本では割愛します。

もし、自分は死ぬべきだと信じているインチャを見つけることができたら、それは本当に本当に、大きな大きな気づきとなります。そのインチャを見つけるために、死にたくなるような辛い出来事が生じると言っても、過言ではありません。そのインチャを見つけることができたら、悲しみに戻れるからです。死ぬべき存在だけれど、生きていることを許してほしいと、泣いて許しを求める以外に、救われる道はありません。

だから、イメージの中で、生きていることの許しを、母や父に求めてください。親が許してくれるイメージが難しければ、大人の自分が許してやってください。大人の自分でも許すイメージが難しければ、神仏に許しを求めてください。必ずや、あなたを許してくれることでしょう。

人生は負けるためにある（２０１７年8月13日　東京講演より）

人は誰もが、胎児・赤ん坊・幼児のときに自分は駄目だと信じてしまい、悲しんでいるインチャがいます。誰もがその悲しみを抑圧し、優秀になろうと頑張っています。誰もがその恐れを抑圧し、自分はすごいというプライドで戦っているのです。

しかし、誰もが根本的に弱く、誰もが未熟で、誰もが不安で、誰もが駄目なんです。誰もがそこから逃げている。恐くて頑張り、恐くて怒っているだけ。

だから逃げずに、駄目な自分・悲しんでいる自分に戻る必要があるんです。そして、駄目な自分に戻れるように、人生には、負けるための苦難が用意されているわけです。そんな苦難がやってきたら、思い切って駄目な自分を認めること。それが本当の勇気です。「もう参りました。自分はこんなちっぽけでドベな人間です。それでも神様、私を愛してください」となればいい。私自身、駄目で愛されない人間ですけれど、そんな自分を愛していこうと思っています。皆さんにもやってもらいたい。そのために、何回も何回でも生まれるわけですから。何回も何回でも駄目な自分を突き付けられて、やっと自分は駄目だと認めることができる。自分を駄目だと認めてはじめて、そんな自分を許すことができる。自分はすごい、自分は正しいと思えば思うほど、許すことは難しくなりますよね。

私は伊勢神宮の外宮によく行くのですが、そのときは細かい雨がさーっと降っていました。雨にずぶ濡れになりながら、古殿地の小さなお社を見ていたら、そこからもくもくと靄が立ってきて、豊受大神からメッセージをいただきました。

「この場所は20年の間、風雪、大雨、炎天にさらされ続ける。そうして年月をかけ全てが清められ、とんでもなく神聖な場所になる。人も同じ。長年降りかかる苦しみにじっと立ち尽くし、耐えていると、輝き出るものがある。それはあなたの中にいる神聖な、神なる自分である」

長い苦しみにじっと耐えていると、輝き出るものがある。苦しみとは素晴らしいな。人を大きくさせるんだなと思いました。苦しみにじっと耐えるということは、恐れて逃げて頑張ることでも、怒りに逃げて戦うことでもなく、苦しみを受け入れ、そして負けるということ。駄目な自分を認めるということ。

人があなたのことを悪く言うとき、「なんて不埒なことを言うやつだ!」と怒るだけで終わらせない。そういう駄目なところが自分にもあるんじゃないかと、自分自身を振り返ってもらいたいのです。逆に、あなたが駄目な人を見て「この人はなんて不埒なやつなんだ!」

と怒るだけで終わらせない。自分も同じようなところをもっているんじゃないかと、自分を振り返ってもらいたいのです。

あなたに苦しみがあるということは、あなたはまだ自分で許していないものがあるということ。だから、苦しみが来る度にじっと耐えて、負けて、駄目な自分を許し続ける。そうすると、とんでもなく神聖なものが自分の中から輝き出る。このようなメッセージを、豊受大神からいただきました。

私も人生の伴侶と信頼し、20年間付き合った彼に振られました。本当に惨めでした。もう若くはないし、女性としての魅力もないのかもしれません。愛されたい、執着ばかりの自分、駄目な自分。母親からも元夫からも彼からも、そして、さまざまな人からも本当に愛されませんでした。それを認めろ、認めろ、認めろと愛されない事件が次から次にやってきました。彼女を嫌って、プライドで、彼女より私の方がすごいんだと言ってみても、彼を恨んだところでもう仕方がありません。逃げても苦しくなるだけですから、認める道しか残っておりませんでした。

自分は女として魅力がないんだ、彼女に負けたんだと感じていると涙が出まして。絶望している自分に出会いました。虚無の中で、じっとうずくまっている自分がいました。いらん子で存在価値のない自分、愛される価値のない自分、家族の中で居場所がない自分、邪魔者扱いされている自分が、ぽつねんと一人でうずくまっていました。なかなかこの絶望を受け入れられず、ずっと抵抗して、愛される条件（この世的価値観）を信じ、自分は駄目と信じ、愛されたいと求め続けることをやめられず、辛かったのです。

あるとき、阿弥陀様に自分の存在価値を認めてもらうために、群馬県北部にある武尊山に登りました。大雪が降ったあとで、途中で引き返して来た若者に、「この先にある鎖場が雪で危険だから止めた方がいい」と言われたけれど、私はどうしても登らなければならないからと、頂上まで行きました。標高２１５８ｍの雪の武尊山は苦しかったなぁ。

頂上で阿弥陀様にお会いしました。そこにひれ伏して尋ねました。「どうしても、自分では自分に、存在していいという許可を与えることができません。全ての人を極楽浄土へ導くという阿弥陀様。あなたにお聞きしたい。私は存在していいのか？」しばらく問いかけていましたら、阿弥陀定印を結んでいた阿弥陀様が、印の上下をくるっとひっくり返して、ハートをつくって「当たり前だ。存在していい」と言ってくれたのです。それですごく救われたんですね。本当にありがたかった。

そして山を下りるときに、ショウジョウバカマが一つ、ぽつねんと、ピンクのきれいな花を咲かせておりました。自分の命を一生懸命生きているように見えました。そのときです。「存在するものは存在を許されている！」「存在自体が存在価値を体現している！」ということを、深く理解する体験をしました。「存在する全ては、自分の魂に誇りをもって、自分の命を生きればよい」ということがわかったのです。これも阿弥陀様が教えてくれたのかもしれません。

このときから人や物、そして自分に対する見方が少し変わりました。前よりも慈しむような心が増えたんですね。それは、存在するものの魂を見るようになったからです。そして、大事なことがだんだんわかるようになってきました。

あるとき近所の赤ちゃんがずっと泣いていたのですよ。しまいには叫ぶように泣いて、40分以上も泣いていました。私はとうとう、うるさいんだよと耳を塞ぎたくなったのです。そうしたら、母親のおっぱいをもらえずに、耳をつんざくような声で、顔を真っ赤にして泣いている自分の姿がぽんと出てきたのです。母親も、さぞかしこの泣き声が嫌だったろうなと思ったんですね。そうしたらふと、自分は母から愛されるような人間だったのだろうかという疑いが出てきた。もしかしたら自分はもともと、母から愛されるような人間ではなかったんじゃないか、そういう疑いが湧いてきたのです。

母は夫を亡くし、すでに二人の子どもがいまして。山で芋やミカンや麦を作り、それを売って生計を立てているのに、私まで産んだら、山に行けなくなってみんな死んでしまうかもしれないじゃないですか。母親は、慰労年金ももらえなかったのです。それは父が日本に帰ってきて8年後に死んだから、戦争によるものじゃないと言われて、もらえなかったのです。実際のところ、父はガダルカナル島で、銃で打たれた傷が元で亡くなったのです。

10年くらい前かな、兄の友だちが役場に勤めていたので調べてもらったら、慰労年金は由井家に出ていたそうです。あいつらにやらなくていいからと、みんなでどんちゃん騒ぎをして、そのお金で鍋をつついて食べていたと言うのです。それを知った兄は、もう顔を真っ赤にして、訴えると言ったのですよ。そのとき私が「兄ちゃん、こうなるようになっていたんだよ。母ちゃんは本当にお金がなくて、私たちを連れ、夜中に崖から飛び降りて死のうとしたほどだったけれど、私たちが泣き叫んで、異変に気づいた村の人が助けてくれたよね。それで私たちは生き残ったよね。そして今も元気に生きている。だから、これで良かったんだよ。その人を許してやってくれないか」と言って、兄が訴えることを止めたのですけれどもね。貧乏が半端なかったわけです。

だから、そうか、それほど苦しいときに私が生まれて、母親の身になれば確かに私はいらん子だな。存在自体が邪魔で迷惑な子だな。死んでくれたらいいのにと思われても当然だ。殺されても仕方がない。生きる価値もなかった子だな。それを認めることが辛くて、抵抗していた。自分は価値があるんだ、自分は特別だ、自分は愛してもらえる存在なんだと、ありもしないプライドで自分を守ってきたんだなと、しみじみと思いました。一方で、そんな駄目な自分に直面しないように必死に努力し、好かれようと遠慮して生きてきたんだなと思いました。

勇気をもって、自分が母に愛される子どもではなかったことを認めました。それを認めると、いろんなことが緩んでいったのですね。母に嫌われた自分、生きる価値のない自分、迷惑をかける自分、母を苦しめる自分、愛される価値のない自分、邪魔者の自分。そんな最低な自分を認めたのです。やっと認めることができました。駄目な自分から逃げて、プライドで戦う気持ちも、駄目な自分から逃げて、頑張る気持ちもなくなったのです。怒りも恐れも全部一気に、悲しみに戻っていったのです。そして、生まれたことを母ちゃんに泣いて謝りました。「母ちゃん、生まれてきてごめんね。都合が悪いときに生まれたよね。迷惑かけたよね。本当に苦しいときに、よく私を育ててくれたよね。母ちゃん、ありがとう。そしてどうか、存在することを許して欲しい。私を愛さなくても構わないから、生きることだけは許してほしい」って言ったら、いっぱい涙が出ましてね。そういうことを繰り返し、繰り返しやっていったら、「いいよ。ここにいていいよ。お前も家族の一人だよ」と、そう言ってくれる母親が出てきたのです。ありがたくて、ありがたくて、また涙が出てきまして。よく私を殺さないでいてくれたって、すっごくありがたかったのです。私も、そんな最低な自分を受け入れて、そんな最低な自分を許して、そんな最低な自分を愛したのです。その瞬間、障害はバンと消えて、喜びと幸せと感謝の気持ちに変わっていきました。母を恨む気持ちはもうありません。悲しみの涙が、感謝の涙に変わっていった瞬間でした。今までの苦しみが感謝に変えられたのです。本当にありがたかった。

このようにして私は阿弥陀様に救われ、赤ちゃんが激しく泣いてくれたおかげで、自分を救うことができました。もちろん、それだけではなく、今までの数々の苦しい出来事によって救われたのです。私を愛さなかった母ちゃんも、私を見ることなく死んでしまった父ちゃんも、母のおっぱいに唐辛子を塗ったばあちゃんも、私が小さいながらも看病しているのに棒で私を叩いたじいちゃんも、母の愛を独占した兄ちゃんも、私に暴力をふるっていじめてリストラした上司も、私を振った彼も、私が20年愛した彼を取っていった彼女も、皆、私にとってありがたい存在だと思えたのです。私を根本に連れ戻してくれたのは、この役目をしてくれた方々のおかげだと思いました。

私の根本は、存在価値がない（消えていなくなるべき存在）と信じて虚無にいる自分。虚無から脱却できない、絶望から脱却できない。この自分から何世も何世も逃げてきて、今世こそは絶対自分を救うんだという気持ちでこの世に来ましたから、もちろん、愛されない人生の連続でした。その中で、本当に苦しかったけれど、自分を愛する醍醐味を、この人生で知ることができました。

邪魔で存在価値のない自分でしたが、それすら、母の価値観でしかなかったのです。母にずっと依存してきたわけです。母が死ぬときに、家族全員の名前を呼んだのに私の名前だけは呼ばなかったので、自分で「寅子もいるよ」と言ったら、「わかっちょる」と言って死にました。ひとこと「寅子もいるか？」と言ってほしいと思うこと自体が、母に自分の存在価値、存在の許可を委ねていたということです。

そこから、自分が自分に存在していいよ、このくずで駄目な私でもここにいていいよって言えるようになって、母からも自立できました。

どん底に行ってやっと、初めて自分の足で立つことができました。全く価値のない駄目な自分を自分で許すのが、自力で救われる道です。神仏に駄目な自分を許してもらうのが、他力で救われる道です。人間はこのどちらか、もしくは両方でやっていかないと救われません。だから信仰心をもち、神仏に帰依することはとても大切だと思うのです。実際、私は神仏の支えがなかったら、自分で立つことはできませんでした。

人は神仏になるために生きているのです。人は全てを愛することで、神仏となっていくのです。負けて、負けて、負け続けて、最低の自分を愛していくのです。だから人生は負けるためにある。だから苦しみは本当にありがたい。親に愛されなかった人、親に嫌われた人、おめでとう。ぼろぼろの人生だった人、おめでとう。早くどん底に行けるよ。早く最低の自分に出会えるよ。どん底に行ったら、後はもうその最低な自分を許すだけだ。どん底に行かなければ、絶望に行かなければ、絶望しているインチャを救うことはできなかろう。共感することもできなかろう。許すこともできなかろう。どん底というところは、行ってみたら悪いところじゃなかった。地獄だと思ったけれど、仏様がいっぱいいたし、神様もいっぱいおった。どん底というのは、万物斉同の本当の地面、そこに本当の価値がある。

この世的価値観で見れば、誰もがどん底にいる。だってあなたはかつて、何もできない赤ちゃんだった。何も知らない、親に迷惑ばかりかける、グズで役立たずの幼子だったのだから。そんな自分を自分で否定してしまったから、まずはそこに戻らなきゃいけない。

その子を肯定するために。だからどんな人も、いつかはこの世的な価値、全く価値のないどん底に行かなきゃいけない。

どん底をどん底にしているのはこの世的価値観。この世的に見ると最低のどん底でも、霊的に見れば最高の位置なのですよ。世の中、逆さまなのですよ。どん底に立ったときこそ、君の価値は明らかになるよ。この世的価値観を乗り越えること、捨てることで、本当のあなたの価値が見えてくると思いませんか。

それは何ももっていない、何もできない、何も知らない状態でこそ、あるものなのです。お味噌汁をこぼしても、うんこを漏らしても、算数ができなくても、美人でなくても、もっているものなのですよ。

それは、君が誰かの役に立っている間、君が何かできている間、君が頑張っている間、君が戦っている間は、絶対に見えないものです。駄目でボロボロになって、やっと見えるものなのです。この世的な価値をもっている間は見えないんです。手放してごらん。自分を守るためにもったプライド、対抗価値観を。負けていこうよ。

そうしたら、見えてくるはずなんですよ。自分の本当の価値が見えてくるはずなんです。何の価値も無くなって、絶望の中で見えてくるものがあるはず。それは光なんです。

花を見て美しいと思い、キラキラ光る露をみて美しいと感じる君、それが君の本当の価値だよ。澄み切った青空に満たされる君、それが君の本当の価値だよ。大自然を前にしてひれ伏す君、それが君の本当の価値だよ。蟻んこを踏まないように歩く君、そんな優しい、優しい君、それが君の本当の価値だよ。最低の自分を愛する君、それが君の本当の価値だよ。

自分にないものに心動かされることはないのだから。君は花であり、君はキラキラ輝く光であり、君はどこまでも澄み切った青空であり、君は畏れ多い神聖な存在なんだよ。君は花の中に、キラキラ輝く光の中に、澄み切った青空の中に、畏怖する大自然の中に、限りなく優しい神仏の中に、自分自身の本質を見て涙しているんだよ。

君はこんなにも素晴らしい価値をもっているんだ。だから大丈夫。負けていこう。恐れて頑張る必要も、怒って戦う必要もなかったんだよ。対抗価値観やプライドを手放し、負けていこう。愛される価値のない自分を認め、頑張ることを手放していけば、見えるものがある。

深い悲しみを受け入れ、長い苦しみを受け入れ、愛してほしいという欲と執着から脱却し、感謝に変わるとき。この悲しみと苦しみは、君たちを光り輝く世界に誘うだろう。神は敗北を尊ぶ。みんな、負けていこう。

皆さん、長い間聞いていただきありがとうございました。この講演を終わらせていただきます。

まあ、こういうことを64になり感じましたので、私の人生の全てとは言いませんけれども、洗いざらい出しました。

私は今一人です。でも、幸せなんですね。神仏とともに生きている感覚がするんです。生かされている感覚がするんです。いろんな危機はありましたけれど、いらん子の私がここまで生きて来られたのは奇跡だと思います。一人一人の魂には、一人一人の宿題がありまして、一人一人の魂には、一人一人の個性があります。その個性を謳歌して、輝くような人生を送ってほしいと心から願っております。

あなたの人生を私が変わってあげることはできない。あなたはあなたの人生を生きなければならない。その人生の中で必ず、光り輝くものと出会えるはずです。負ければ、駄目な自分を許せば、ですね。嫌な出来事、いい出来事と分けずに、与えられたものは全て受け取っていきましょう。神様がくれたプレゼントですから、ありがたく受けとっていきましょう。

ありがとうございました。

■講演者紹介　由井寅子（ゆい・とらこ）

ホメオパシー名誉博士／ホメオパシー博士（Hon.Dr.Hom ／ Ph.D.Hom）
日本ホメオパシー医学協会（JPHMA）名誉会長
英国ホメオパシー医学協会（HMA）認定ホメオパス
英国ホメオパス連合（ARH）認定ホメオパス
カレッジ・オブ・ホリスティック・ホメオパシー（CHhom）学長
農業法人 日本豊受自然農株式会社代表

著書、訳書、DVD 多数。

代表作に『キッズ・トラウマ』、『バイタル・エレメント』、『ホメオパシー的信仰』『インナーチャイルド癒しの実践 DVD』、『病原体とインナーチャイルド』など（以上 ホメオパシー出版）、『免疫力を上げるスピリチュアルな方法』（大和出版）がある。

■ Torako Yui オフィシャルサイト http://torakoyui.com/

インナーチャイルド癒しの実践1〜8

由井寅子のホメオパシー講演 DVDシリーズ

由井寅子 講演（各2時間前後） 各1,300円＋税

インナーチャイルド癒しとは、抑圧した感情の解放と価値観の解放のこと。毎回テーマをもち、そのための実践的な方法を明らかにする。つらく苦しい出来事を感謝に変え、人生を幸せなものにするためのインチャDVDシリーズ。毎回、感動のケースも必見。〈1, 4〜8 英語版あり〉

1

とらこ先生の故郷をたずねる第1章から始まり、インナーチャイルドとは、10段階の感情（インチャ）の変遷、インチャ癒しの手順についての解説など。

2

インチャ癒しの極意は、「感情」と「価値観」の解放にあり。正直な自分の思いを解放し、受け止め、根底にある「愛してほしい」という願いをかなえる。

3

抑圧した思い、感情や、感情の奥にあるこの世的価値観を解放する方法を解説。つらく苦しい出来事を感謝に変え、人生を幸せにするため大事なこととは？

4

「苦しみは本当の幸せへと導くもの」苦しみはなぜ生じるのかを図解しながら、幸せになるための三つの方法やインチャ癒しを明らかにしていく。

5

新・幸せになるための三つの方法で、この世的願いをもちつつ幸せになる方法を詳解。とらこ先生が洞察した真理が、女性性と母性の関係に統合されていく。

6

人間は体・心・魂、それぞれに命をもち、体の命が終わっても心と魂の命は終わらない。ケースを通し、魂本来の命を生きるための奥義を解説する。

7

奥義シリーズ第二弾。愛されない恐れ、怒りや憂い。幼少時のつらい感情をさらけ出し、親の価値観を越え、自分の本当の価値を取り戻そう。

8

優れようと頑張らず、プライドで闘わず負けることで、根本にある「駄目な自分」に戻り、自分を許そう。3時間を超える、インチャ癒しの集大成！

幸せに生きられる ZEN ホメオパシー 1
新・ホメオパシー入門

由井寅子 講演／著　四六判・144 頁　1,200 円+税
2018 年の講演録をもとに『由井寅子のホメオパシー入門』を大幅改訂。体と心と魂を三位一体で治癒に導く ZEN ホメオパシーをわかりやすく解説した新・入門書。ホメオパシーの基本原理から、インチャ癒しや霊性向上、マヤズム、科学的な根拠など、最新の情報も網羅する。

幸せに生きられる ZEN ホメオパシー 2
病原体とインナーチャイルド[BOOK]

由井寅子 講演／著　四六判・160 頁　1,300 円+税
病原体の起源はインチャにあり！　病原体も含め、一見悪と思えることは、自分の潜在意識にある歪みを映す鏡として存在する。感染症を克服することでインナーチャイルドが癒され、この世的価値観が緩む。『ZEN ホメオパシー』への理解が深まる一冊。〈英語版あり〉

幸せに生きられる ZEN ホメオパシー 3
お彼岸とインナーチャイルド[BOOK]

由井寅子 講演／著　四六判・160 頁　1,300 円+税
2018 年春秋『お彼岸セミナー』の講演録に加筆・編集。死後、ほんとうの人生を彩るための極意が語られる。愛する我が子を亡くした母が、苦しい別離を乗り越えていく姿を追った、ふたつのケースも必見だ。これぞ彼岸に至る道。会得するためのヒントが満載！

幸せに生きられる ZEN ホメオパシー 4
カルマとインナーチャイルド[BOOK]

由井寅子 講演／著　四六判・176 頁　1,300 円+税
体・心・魂、各レベルで存在するカルマ、カルマを作らない生き方など、とらこ先生が洞察したカルマ論は、目からウロコの必読。苦しい出来事の背景には、深い意味があることを理解し、肯定的に受けとることで幸せが増えた３つのケースはどれも一読の価値あり。

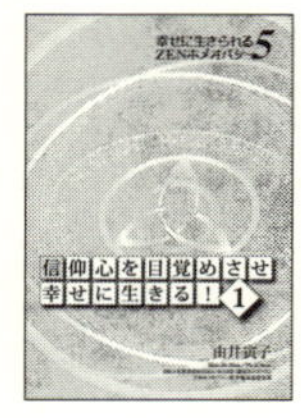

幸せに生きられる ZEN ホメオパシー 5
信仰心を目覚めさせ幸せに生きる!《1》[BOOK]

由井寅子 講演／著　四六判・152 頁　1,300 円+税
2019 年 3 月 9 日名古屋講演録に加筆・編集。「全てに対する感謝と尊敬の心こそが信仰心の本質」比叡山でのおみくじをきっかけに、深い信仰心が目覚めるまでを、実直に語る姿が胸を打つ。信仰心を取り戻し幸せに生きる、ふたつのケースもまた、魂を揺さぶられる。

幸せに生きられる ZEN ホメオパシー 6

信仰心を目覚めさせ幸せに生きる!《2》[BOOK]

由井寅子 講演／著　四六判・128 頁　1,300 円+税

信仰心を目覚めさせるBOOKの第２弾（完結編)。第１弾の続編となる本書は、信仰心に対する洞察を更に深めて行く。信仰心の「心」に焦点を当て、理想的な自分に近づくための奥義は興味深い。嵐で始まった講演者の誕生日、伊豆半島の雲見浅間神社でいわながひめから教えられた信仰心の更なる価値は見るものの心を打つ。信仰心を取り戻し幸せに生きる２つのケースも面白い。

幸せに生きられる ZEN ホメオパシー 7

人生を幸せに生きるための奥義 [BOOK]

由井寅子 講演／著　四六判・128 頁　1,300 円+税

自身の苦難の半生から、苦難を乗り越える極意は、等身大の自分を認め、受け入れることにある。その他、豊受野菜の霊的見解など食を通して幸せに生きるヒントや心と魂を育むことを通して幸せに生きるヒントが満載。とくに自灯明・法灯明の解説は興味深い。自殺寸前のクライアント（男性）がそこから脱却し、感謝に溢れる人になったケースは心を打つ。星の王子さまの奥深い洞察も必読。

動画サイトのご紹介

とようけTV－web版

本当の情報を知ることからしかこれから時代を生き抜く知恵は手に入りません。しかし、新聞、テレビなどメディアが本当の情報を伝えず、YouTube では大事な情報が検閲され BAN されます。そこで、「豊受グループ」がメディアになって、そこで大事な情報を無料で自社配信することにしました。ぜひご視聴ください。

CHhomオンライン講演会 番組表

CHhom で開催しているライブイベントやアーカイブの配信を日替わりでお届けしております。

[YouTube]　CHhomチャンネル

自己治癒力を触発し、体、心、魂を触発するとらこ先生の完成させた ZEN ホメオパシーが学べるホリスティック統合医療専門校「CHhom」の様々な魅力に動画で触れられます。

インナーチャイルドの理論と癒しの実践
初心者からプロのセラピストまで

2017年10月22日　初版 第一刷 発行
2022年 2月11日　初版 第三刷 発行

著　者　　由井 寅子

発行所　　ホメオパシー出版株式会社
〒158-0096　東京都世田谷区玉川台2-2-3
TEL:03-5797-3161　FAX:03-5797-3162
E-mail　info@homoeopathy-books.co.jp

ホメオパシー出版　http://homoeopathy-books.co.jp/
豊受オーガニクスショッピングモール　https://mall.toyouke.com/

Printed in Japan.
ISBN978-4-86347-105-4 C2011